Guerra cognitiva y cultural

Claves para combatir el auge del neofascismo

Enrique Javier Díez Gutiérrez
y María José Rodríguez Rejas
(Coords.)

Textos (in) surgentes XXL

Febrero 2025 | La Vorágine, editorial crítica
ISBN 978-84-129190-5-9

*Guerra cognitiva y cultural. Claves para combatir el
auge del neofascismo* es una obra que forma parte de
la colección **textos (in) surgentes XXL**.

La edición y el diseño de este libro
ha sido osadía del laboratorio editorial
y gráfico del colectivo La Vorágine

Difunde, comparte, disiente

La Vorágine, editorial crítica
Calle Cisneros, 69 – Bajo
39007 Santander (Cantabria)
www.lavoragine.net / editorial@lavoragine.net

Índice

Guerra cognitiva y cultural

Claves para combatir el auge del neofascismo

Enrique Javier Díez Gutiérrez
y María José Rodríguez Rejas
(Coords.)

Textos **(in)** surgentes

Prólogo

Peter McLaren[1]

En Europa, América del Norte y del Sur y en todo el mundo se están presentando tendencias inquietantes que podrían caracterizarse como un «momento existencial histórico mundial». La subjetividad y la acción humana están siendo moldeadas y utilizadas de formas novedosas en el marco establecido por el surgimiento de nacionalismos racializados y de movimientos de extrema derecha. Esto crea la urgencia de un análisis renovado tanto del populismo, como del fascismo y sus consecuencias.

Las formas contemporáneas de fascismo han surgido, en buena medida, fruto del fracaso del espejismo de las políticas neoliberales a la hora de ayudar a las clases trabajadoras, y del aumento de la desigualdad económica y social en todo el mundo. Todo esto ha generado una profunda erosión y desconfianza hacia las formaciones sociopolíticas democráticas. Así, el fascismo nace de la falta de esperanza y de la pretendidamente carencia de alternativas ideológicas válidas.

Donald Trump ha sido habitualmente señalado como un claro exponente de estos movimientos por gran parte de la literatura reciente sobre el fascismo. Lo que ha provocado debates sobre si Trump es un populista de derechas, un neofascista o un «fascista aspiracional», como sostiene William E. Connolly (2017). Por otra parte, Takamichi Sakurai (2021) considera que los discursos de Trump no están respaldados por formulaciones fascistas *per se*, sino que más bien serían «expresiones sin una conciencia fascista explícita». Después de todo, Trump no logró destruir los modelos plebiscitarios de democracia durante su primer mandato y «su comportamiento fascista es esencialmente involuntario». En todo caso, si hablamos del «contagio afectivo», el «registro visceral» y el «deseo necrófilo» que animan la retórica política de Trump deberían describirse como "pos-ideológicos"; así como si el populismo y el extremismo de derecha deberían incluirse en la genealogía del fascismo en el contexto de la democracia liberal, o si el papel de los Trump, Le

1 | Profesor Emérito. Universidad de California, Los Ángeles (EEUU).

Pen, Bolsonaro, Orbán o Meloni puede describirse legítimamente utilizando analogías con el nazismo: estas no son preguntas sin importancia y proporcionan la brújula necesaria para comprender el clima crispado y polarizado de la política internacional contemporánea.

Posfascismo o neofascismo es un término que intenta describir una especie de fascismo resultante de la derrota de las revoluciones (tanto de izquierda como de derecha) del siglo XX, que incluye las características esenciales del fascismo tradicional, pero que prospera bajo el capitalismo de libre mercado y de la gubernamentalidad neoliberal (Traverso, 2019). Se basa en el carácter social frommiano del 'individuo hecho a sí mismo' (Foster, 2017) y ha sido descrito como una forma revolucionaria de ultranacionalismo diseñado para regenerar el Estado-nación mediante la «demolición de los procesos democráticos deliberativos anclados en la modernidad» (Sakurai, 2021).

Sin embargo, más urgente que crear un marco teórico definitivo para definir el (pos/neo)fascismo, aparece la cuestión de si las democracias liberales sobrevivirán o no a la próxima década, independientemente de cómo formulemos nuestros marcos categóricos y terminológicos. El autoritarismo ideológico, la guerra emocional que modela las subjetividades en internet y en las redes sociales, la neuro-política y el papel de la inteligencia artificial, la propuesta de modelos socioeducativos alternativos basados en la cooperación y redistribución de la riqueza y la crítica de la economía política necesaria para superar el capitalismo y el neofascismo son temas centrales de este libro coordinado por los profesores María José Rodríguez y Enrique Javier Díez.

Las fuerzas del fascismo se están abriendo camino en nuestras subjetividades con la ayuda de la omnipresencia de las redes sociales, de los dispositivos móviles y de las posibilidades que ofrece la inteligencia artificial. Redes de conexión encargadas de distribuir, amplificar y acelerar mensajes cargados de ideología neofascista, utilizando tácticas de enjambre de clics como el *trolling* y el *doxing*[2], o mediante la creación de plataformas diseñadas para fomentar la autoorganización de estructuras de odio, miedo y rabia.

La sociedad civil contemporánea está siendo redefinida por la normalización de las tecnologías digitales en red en la vida cotidiana, muchas de

---

2 | *Doxing*: Es una práctica en internet que consiste en recopilar y publicar información de carácter personal de una persona sin su consentimiento con el objeto de dañar su reputación y su imagen pública. (Nota del traductor).

ellas poniendo en marcha una vorágine vertiginosa de posicionamientos políticos y manifiestos de extrema derecha sobre la raza, los nacionalismos, los discursos antinmigración y la supremacía blanca. Considerándose a sí mismos como héroes posdigitales, que luchan contra los *woke* de la izquierda buenista. Los maestros del meme son ahora parte del entrelazamiento digital de grupos de odio de extrema derecha que están mediando en la política fascista actual (Albrecht, Fielitz y Thurston, 2019).

Los fascistas ahora tienen acceso a algoritmos de odio en los que las redes sociales pueden confiar en atraer espectadores, a menudo influidos con comentarios sensacionalistas y con el cebo de *clicks* que amplifican y normalizan la xenofobia. Podríamos decir que estos grupos neofascistas operan como alquimistas expertos en tecnología, capaces de hacer uso de estos algoritmos de odio. De manera que se aprovechan de las inseguridades de la población, produciendo «un público receptivo y vinculado afectivamente» en línea cuya interactividad digital garantiza diseminar estas ideas y crear caos en el espacio digital de la «economía de la atención» (Mintzer, 2020).

La constante acumulación de relatos neofascistas y supremacistas y de referencias revanchistas en la red de internet crea una victimización dentro del grupo y genera estereotipos hacia los integrantes de otros grupos, produciendo tipos específicos de «vinculación afectiva» a través de la manipulación interesada de emociones y de sentimientos. Estrategias como la exclusión selectiva de información, la agrupación algorítmica de contenidos y grupos en las redes sociales y la recontextualización y reformulación de las principales noticias, constituyen la arquitectura básica para la generación de imaginarios en las redes sociales, que pueden ser fácilmente convertidos en chivos expiatorios y vistos como objetivos legítimos de odio, oprobio y violencia. Sin embargo, las formas más tóxicas de neofascismo posdigital[3] aún están por desarrollarse.

---

3 | Utilizo el término «posdigital» según Maik Fielitz (2019) para identificar: «...la línea borrosa entre la vida digital y la real. Es una condición técnica que siguió a la llamada "revolución digital" y que está constituida por la naturalización de procesos y resultados informáticos omnipresentes y conectados en la vida cotidiana, de modo que la digitalidad ahora es inseparable de la forma en que vivimos. Esta "naturalización" se ha visto acelerada por el crecimiento de la potencia informática, de la inteligencia artificial, de los dispositivos móviles con acceso a Internet, de las bajas barreras de participación en la cultura de Internet, así como del impulso dentro de esa cultura hacia un énfasis en la posproducción masiva y la expresión comprimida en forma de contenido (textual, audiovisual, etc.) que se pueda circular ampliamente».

Los líderes nacionalistas autoritarios son excepcionalmente hábiles a la hora de utilizar estas herramientas del neofascismo digital con las cuales poder, por una parte, permear estratégicamente con sus declaraciones tóxicas (racistas, supremacistas blancas e iliberales) la sociedad civil; y, por otra parte, imponer la posverdad como el marco intersubjetivo de supuesta verdad. Estos líderes son especialmente hábiles para comunicarse "afectivamente" con las masas conectadas en red, para supuestamente atacar y criticar al establishment político, y a la hora de utilizar los medios de comunicación para diseminar sus preocupaciones sobre la inmigración, la inseguridad ciudadana y la creciente desigualdad en la distribución de la riqueza.

Por su parte, estas masas formadas por actores sociales atrapados en la cárcel de las redes sociales interactivas son las más vulnerables a las culturas de odio digitales y a los *hashtags* de tendencia en la red X (Twitter) que facilitan la transferencia de mensajes entre diferentes plataformas. Están a merced de perfiles falsos, cuentas falsas, robots automatizados —en una estructura virtual de interacción basada en algoritmos y en la difusión de discursos de extrema derecha en espacios en línea que conducen a una dispersión exponencial del odio y del neofascismo digital— (Fielitz y Marcks, 2019)[4]. El neofascismo posdigital es un acelerador de las formas contemporáneas de fascismo, ya sea que decidamos etiquetarlas como populismo de extrema derecha, posfascismo, neofascismo, fascismo aspiracional o fascismo tradicional.

La raza como forma de tecnología se ha desarrollado a partir de un racismo en plataformas atento a la economía de la atención de Internet, utilizando foros de imágenes como Reddit, 4chan y 8kun[5] y comercializando marcadores de identidad interseccionales como la negritud, la pobreza y la intersexualidad. Aquí, los autoproclamados "guerreros de los memes" que pertenecen a facciones opuestas y utilizan memes de Internet, luchan entre sí a través de un "racismo entre

---

4 | Es significativo señalar que los que operan plataformas de redes sociales para transmitir dialécticamente el miedo racializado y crear y difundir conspiraciones descabelladas de forma continua, con frecuencia tienen la capacidad y los medios en la red para superar los intentos de desacreditarlas basados en hechos y en información verdadera.

5 | Para más información sobre este tema puede consultarse: Baele, S. J., Brace, L., & Coan, T. G. (2021). Variations on a Theme? Comparing 4chan, 8kun, and Other chans' Far-Right "/pol" Boards. *Perspectives on Terrorism*, 15(1), 65–80. https://www.jstor.org/stable/26984798 . (Nota del traductor).

bastidores" (Matamoros-Fernández, 2020) que incorpora la codificación de la "cara negra digital" y la "animación racializada" para, a menudo, humillar los cuerpos negros a través del humor y el juego, y así perpetuar estereotipos y jerarquías raciales pensadas para satisfacer la mirada blanca.

Bajo el impacto de los discursos emocionales, la manipulación psicológica y la manipulación métrica, las masas son bombardeadas por redes sociales que «catalizan la amplificación de los miedos, la difusión de la posverdad y la lógica de los números» en una cámara de resonancia de ofuscación, resentimiento y revanchismo (Fielitz y Marcks, 2019). La creación de nuevos órdenes de percepción producidos por nuevas formas de ilegalidad posdigital es tal, que las perspectivas liberales quedan apartadas y marginadas en un clima digital claramente ventajoso para los discursos extremistas e iliberales (Turner, 2019).

El «ultranacionalismo palingenético»[6] (Griffin, 1991) es un principio central del neofascismo digital actual, que se relaciona con la percepción de una comunidad en riesgo por amenazas externas, que busca renacer «a través de medios extraordinarios» y que necesita desesperadamente un líder fuerte cuyos sentimientos populistas y autoritarios conecten profundamente con las subjetividades de las masas desprevenidas y desinformadas.

La acción y la estructura pueden verse aquí como estrategias complementarias que sirven para crear en la ciudadanía percepciones de peligro y riesgo (es decir, narrativas basadas en el miedo que advierten, por ejemplo, contra el reemplazo de ciudadanos europeos blancos por inmigrantes no blancos). Aquí las redes virtuales están calibradas para canalizar tales miedos, asemejándose a un "nuevo tribalismo" e ilustrando las características emergentes de lo que Mullhall (2018) describe como fascismo «posorganizacional».

Este nuevo fascismo se asemeja más a un fenómeno cultural que requiere libertad de expresión, una característica que, paradójicamente, se ha asumido tradicionalmente como un principio liberal. Esta «virtualización mundial del pensamiento fascista» ha llegado a ser conocida como «ciberfascismo» (Griffin, 2010) y «terrorismo de banda ancha».

---

6 | El ultranacionalismo palingenético es una teoría formulada por Roger Griffin según la cual el fascismo se puede definir por su mito central, a saber, el de la revolución hacia un futuro brillante con el fin de alcanzar un renacimiento de la nación o palingenesia.

El neofascismo no se centra en los actores, sino que opera como un fenómeno social. En otras palabras, el neofascismo opera discursivamente como una cierta racionalidad política que los individuos y los grupos pueden expresar a través de una gran pluralidad (de formas, de intensidad, de grado, etcétera) de prácticas culturales, que dificulta el poder agruparlas todas bajo el término "fascista".

La descripción que hace Robert Paxton (1998 y 2021) del neofascismo como un «comportamiento político marcado por una preocupación obsesiva por el declive, la humillación o el victimismo de la comunidad y por cultos compensatorios de unidad, energía y pureza» es compatible con la noción de Griffin de «ultranacionalismo palingenético». En el sentido del mito de una nación (patria) que se está desmoronando y degradando por una influencia negativa externa y que, por tanto, tiene que forzar su renacimiento mediante esfuerzos extraordinarios. La definición minimalista de neofascismo estipulada por Griffin tiene que ver con la movilización de energías populistas para la renovación. Así, los neofascistas pueden presentarse y reescribirse a sí mismos como el grupo, nación o cultura en peligro cuyos enemigos deben ser erradicados.

Entonces, ¿cómo cambiamos el ecosistema neofascista? ¿Cómo transformamos la Internet que le ha dado al neofascismo una ventaja competitiva sobre la democracia? Si excluimos y censuramos a los neofascistas, en buena medida, estaríamos yendo en contra de nuestros propios principios de libertad de expresión. Por tanto, tenemos que centrarnos en las estructuras subjetivas y de percepción producidas por el nuevo neofascismo posdigital más que en los actores individuales.

Pero ¿cómo atacamos el neofascismo posdigital si está integrado en las estructuras posdigitales de nuestro sistema nervioso central a través de la cosmología de Internet? ¿Asignamos responsabilidad a quienes crean los algoritmos fundamentales y a los que proporcionan las estructuras funcionales para la dinámica neofascista? ¿Ponemos a los proveedores de redes sociales bajo la amenaza de delitos de odio? ¿Cómo restringimos las estrategias de manipulación psicológica en internet y las formas de manipulación métrica en los buscadores de internet? ¿Cómo intervenimos en las estructuras que permiten esos efectos de sinergia que amplifican el odio? ¿Responsabilizamos a los proveedores de plataformas digitales por el contenido compartido a través de su infraestructura y a los sistemas de registro de usuarios que permiten cuentas falsas?

En este sentido el libro que tiene entre sus manos es un texto clave que no sólo nos advierte contra las encarnaciones y formas actuales más espantosas del neofascismo que coartan las oportunidades de ejercer nuestra libertad, sino que también ofrece importantes sugerencias en los campos de la política, la educación y la economía para resistir los ataques neofascistas. Para aquellos de nosotros y nosotras que luchamos por una alternativa socialista a la "ley de tanto tienes, tanto vales" de la democracia neoliberal, el neofascismo plantea una amenaza urgente a la supervivencia de la libertad misma, culminando en un nacionalismo de estado autoritario, policial y xenófobo.

Por eso, *Guerra cognitiva y cultural. Claves para combatir el auge del neofascismo* juega un papel importante en el desarrollo de un proyecto revolucionario antifascista que intente crear los espacios de ayuda mutua y de altruismo desinteresado, donde el poder se concentre en la comunidad y se dirija al bien común, donde se humanicen las relaciones sociales y se respeten las diferencias, donde se eviten el totalitarismo en política, el autoritarismo en la religión, el paternalismo en nuestras relaciones sociales, el patriarcado en nuestras familias, el ecocidio en nuestra relación con la naturaleza y el epistemicidio en nuestras relaciones con otros grupos, comunidades y países.

Bibliografía

Albrecht, S., Fielitz, M. y Thurston, N. (2019). *Introduction. Post-Digital Cultures of the Far Right*. Verlag.

Connolly, W. (2017). *Aspirational Fascism: The Struggle for Multifaceted Democracy under Trumpism*. University of Minnesota Press.

Feldstein, S. (2021). *The Rise of Digital Repression: How Technology is Reshaping Power, Politics, and Resistance*. Oxford University Press.

Feldstein, S. (2021a). Digital Technology's Evolving Role in Politics, Protest and Repression: The cycle of technological innovation will continue to power a global cat-and-mouse struggle between autocrats and those who oppose them. *The United States Institute of Peace*. July 21.

Fielitz, M. (2019). The far right in the post-digital condition. *Center for the Analysis of the Radical Right*. Verlag.

Fielitz, M. y Marcks, H. (2019). *Digital Fascism: Challenges for the Open Society in Times of Social Media*. Center for Right-Wing Studies.

Foster, R. (2017). Social character: Erich Fromm and the ideological glue of neoliberalism. *Critical Horizons: A Journal of Philosophy and Social Theory*, 1–18.

Griffin, R. (1991). *The Nature of Fascism*. Pinters Publisher.

Griffin, R. (2000). Interregnum or endgame? The radical right in the 'post-fascist' era. *Journal of Political Ideologies*, 5(2), 163-178.

Griffin, R. (2012). Studying fascism in a postfascist age: From new consensus to new wave? *Fascism: Journal of Comparative Fascist Studies* 1(1): 1–17.

Jandrić, P. (2019). We-think, we-learn, we-act: the trialectic of postdigital collective intelligence. Postdigital Science and Education, 1(2), 275–279.

Matamoros-Fernández, A. (2020). 'El Negro de WhatsApp' meme, digital blackface, and racism on social media, *First Monday*, 25(12). http://dx.doi.org/10.5210/fm.v25i1.10420

Mintzer, A. (2020, marzo 31). Paying Attention: The Attention Economy. *Berkeley Economic Review*. https://bit.ly/3Qsg2CR

Mullhall, J. (2018). A Post-Organisational Far Right? *Hope Not Hate*. https://bit.ly/4dmeVP2

Paxton, R. (1998). The Five Stages of Fascism. *The Journal of Modern History*, 70 (1), 1-23.

Paxton, R. (2021, enero 11). 'I've hesitated to call Donald Trump a fascist. Until now'. *Newsweek*. https://www.newsweek.com/robert-paxton-trump-fascist-1560652.

Sakuri, T. (2021). Aspirational fascism versus postfascism: a conceptual history of a far-right politics. *History of European Ideas*

Stanley, J. (2018). *How Fascism Works: The Politics of Us and Them*. Random House.

Traverso, E. (2019). *The New Faces of Fascism: Populism and the Far Right*. Verso.

Turner, F. (2019). Machine Politics: The rise of the internet and a new age of authoritarianism. *Harper's Magazine*.

Guerra cognitiva y cultural en la era del neofascismo

Guerra cognitiva y cultural en la era del neofascismo

Enrique Javier Díez Gutiérrez y María José Rodríguez-Rejas

Vivimos tiempos convulsos en los que la violencia ha escalado y está tan presente en el campo de las relaciones internacionales como a nivel nacional, llegando a permear la vida cotidiana; una violencia que se presenta con múltiples rostros entre los que la violencia física explícita es sólo parte de un extenso abanico. Ante la normalización y banalización de la violencia en nuestros días, su magnitud, formas y las estrategias con que opera, consideramos necesario problematizarla desde una perspectiva integral que nos lleva a categorizarla como violencia de guerra.

En el ciclo neoconservador que se despliega desde los ochenta con fuerza y prosigue en un ascenso aún más rápido desde inicios del siglo XXI, la guerra ha sido y es parte fundamental de la dominación del sistema en un mundo donde las grandes potencias se disputan recursos estratégicos, mercados, posibilidades de futuro en este capitalismo de saqueo que condena a países y personas al empobrecimiento. Es la trampa de la desigualdad que, de un lado, nos muestra una élite que no ha dejado de enriquecerse, con todo y pandemia, que defiende con ferocidad sus ganancias e intereses, mientras, del otro lado, encontramos una gran mayoría excluida de una vida digna, que ha asistido impávida, unas veces pasiva y otras ocupando la calle, a la destrucción del Estado social en Europa que garantizaba mínimamente sus derechos sociales; cada vez más *infoxicada* en un mundo de *fake news*, saturada de información irrelevante la mayor parte de las veces y con escasas posibilidades de reconstruir y analizar el contexto donde adquiera sentido eso que experimenta, sufre y observa. Esos lugares de la desesperación, de la frustración y del enojo han sido ocupados con una velocidad inusitada por los operadores de la estrategia neoconservadora que ha hecho de la ideología del odio y la manipulación emocional una estrategia de difusión y permeación de la subjetividad altamente eficiente. Asistimos a la disputa por el sujeto y la modelación de subjetividades afines a este orden de barbarie que alimenta sin cesar las bolsas de los ricos y la base social de la derechización política.

No se trata sólo del debate sobre las ideologías, como lo vivimos a lo largo del siglo XX, o de la existencia de fuerzas conservadoras en ascenso que hemos etiquetado como "derecha" o "nueva derecha". En este texto tratamos de develar algunos ejes para problematizar nuestro tiempo y entender que la violencia de amplio espectro en la que vivimos inmersos —discursiva, simbólica, ideológica, social, económica, emocional— es parte de este capitalismo neoliberal que ha hecho de la guerra una estrategia necesaria para su reproducción, equivalente a la concentración de poder y riqueza que genera, al nivel de contradicciones que desata y al control social que requiere para mantener su base social de reproducción.

Son tiempos de guerra, nuevas guerras que adquieren otros rostros y cuyo éxito ya no requiere necesariamente de frentes de armados; no tienen un carácter interestatal sino que se libran contra los ciudadanos de a pie, no se necesita siquiera disparar una bala pero sí gestionar la incertidumbre, el miedo y/o la inseguridad en todas sus manifestaciones al mismo tiempo que canalizan el odio hacia el igual, que pasa a ser percibido como una amenaza: el que viene de afuera, el que tiene otro aspecto, el que se organiza para resistir la debacle. Guerras en las que el uso de la información, la producción dirigida del discurso, la modelación del sujeto a través del proceso educativos y la incidencia en los procesos cognitivos, directamente vinculados a la toma de decisiones, son fundamentales; más aún cuando las sofisticadas tecnologías de información y comunicación así como la cibernética tienen la capacidad para actuar con un amplio potencial de despliegue en el ámbito público, a una velocidad que hace de la inmediatez su característica, permeando las prácticas de la vida cotidiana.

Este es el tiempo de la disputa por el sujeto, de la guerra que se despliega con un nuevo potencial, transformándose en cultural, penetrando nuestros procesos cognitivos y emocionales. En este sistema-mundo, la guerra armada explícita pasó a ser una manifestación de la guerra, sólo una, ni la central ni la más eficiente; de ahí la importancia del reflexionar sobre la guerra cognitiva y cultural en un intento de develar lo que consideramos ejes fundamentales para comprender nuestro tiempo y los retos que enfrentamos. El objetivo es control con aceptación, el éxito de la contienda que se libra va mucho más allá de la disputa de las ideologías o la simple formación de opinión pública, aunque esto también esté presente.

En la guerra cognitiva y cultural sin cuartel que ha declarado la internacional neofascista (Díez-Gutiérrez & Jarquín, 2024) no se hacen prisioneros. Esta guerra cuenta con el apoyo también de la internacional neoconservadora y la socialdemócrata, que han acabado "comprando" y asumiendo buena parte de su marco ideológico y estratégico (sobre todo en temas securitarios y represivos o en aquellos que tienen que ver con la migración). En esta batalla semiótica y performativa contra la democracia, la igualdad y la justicia social, el relato se ha convertido en una de las claves fundamentales, tal como ya hiciera en su momento Joseph Goebbels, el que fuera ministro nazi de propaganda de Hitler.

Un discurso populista "sin complejos", donde predominan las *fake news* como: «Un mena [¡ese término que cosifica y despersonaliza a los menores extranjeros no acompañados!] cobra 4.700 euros al mes. Tu abuela, 426 euros de pensión/mes». Se trata de mensajes virales que apelan a los sentimientos y lanzan promesas de seguridad contra los migrantes a poblaciones golpeadas por la pandemia, la crisis económica, la guerra y un futuro incierto y condicionado, aunque estas voces lo nieguen, por la crisis climática y ambiental.

Tienen un poderoso *lobby* de creación de un lenguaje articulado en torno a unos ejes bien delimitados: nacionalismo patriotero, que señala "enemigos" de la patria-nación y alienta un integrismo religioso y nacional de recuperación de un pasado supuestamente heroico, mítico y grandioso; antifeminismo, restauración del orden patriarcal y demonización del movimiento lgtbi; anticomunismo furibundo; antiinmigración que alienta el miedo y el discurso de odio; doctrina TINA (There Is No Alternative), afirmando que esto es lo que hay y que conlleva, por ejemplo, el negacionismo climático.

El neolenguaje construido en esta fábrica de *ideología fake* trata de transformar el sentido de las palabras del vocabulario político cotidiano, por una parte resignificándolas y retorciéndolas para que representen otra cosa distinta, habitualmente su contrario[7] y, por otra, creando términos cargados de odio, confrontación y rencor contra los que designan como "enemigos" de la patria (patria que se la apropian como si fuera suya): "horda *podemita*", los "*animalistos*", "*ecolojetas*", "*oenejetas*", "*catanazis*", "*feminazis*", "*bilduetarras*", "menas", "invasión islámica", "dictadura progre", etcétera.

El problema es que han logrado popularizar este neolenguaje, siendo repetido incluso por miembros de la judicatura, del estamento policial y militar, y con él han tomado la calle, las instituciones y las redes sociales. Han asaltado así las plazas públicas de la democracia y la han secuestrado mediante poderosas técnicas desinformativas que difunden vía *Whatsapp*, *Instagram* o *Telegram*, y que polarizan y crispan los debates en los bares, en las cenas con los "cuñados", en cualquier escenario cotidiano, repitiéndolas *ad nauseam*. Un discurso engañoso, sentimentalista y repetitivo que se difunde como pequeñas dosis de arsénico que se traga y cuyo efecto al principio no se nota y sólo más tarde empieza a notarse su toxicidad.

Este asalto de la calle, las instituciones y los medios ha generado una batalla emocional donde solo cabe el posicionarse radicalmente: "conmigo o contra mí". Porque en medio del conflicto se mueven como pez en el agua, pues ahí ya no hay argumentos, razones o matices, sino crispación y confrontación agresiva. Por eso su programa no propone, sino que es prácticamente un reflejo negativo y confrontativo de las ideas de sus adversarios.

De esta forma, han convertido las calles, las redes y las propias instituciones sociales en espacios "educativos" de contrainformación que forman y socializan a la población, sobre todo la más vulnerable, en el discurso de odio, en el rechazo al diferente, en culpar a los de al lado, logrando incluso que ciertas palabras clave para la discusión política cotidiana se disocien del universo de prácticas y valores al que antes remitían, y que los sentidos comunes existentes, sostenidos por comunidades de personas acostumbradas a convivir en contextos ideológicamente diver-

---

7 | La "libertad" se convierte en la facultad que tiene alguien de ultraderecha para insultar, calumniar o ridiculizar a cualquier persona de izquierdas, migrante, feminista o nacionalista periférico sin que esta persona le conteste, porque en ese caso ya no existe libertad, sino censura o dictadura progre; o la libertad de los empresarios y financieros para tomar cualquier decisión, pero no de sus trabajadores para cuestionarla, ni del estado para regularla, porque en ese caso se trataría de comunismo (Labrador-Méndez & Gaupp, 2020).

sos, se vean trastocados. Y, con ellos, la propia posibilidad de diálogo, debate e incluso convivencia entre posiciones y visiones distintas, porque para el neofascismo la solución total a la crisis (que para ellos es el comunismo o el socialismo) está anclada en dos pilares ideológicos: el nacionalismo patrio y el racismo (Labrador-Méndez & Gaupp, 2020).

La permanente atención mediática que recibe el partido neofascista VOX y la inserción de sus temas y sus marcos constantemente en los debates políticos, han conseguido normalizar una serie de discursos que hasta hace poco eran implanteables, estaban fuera de todo marco posible y pensable. Este éxito de la batalla cultural de la extrema derecha es fruto de la guerra cognitiva y cultural que se está librando en las trincheras de la socialización, la cultura, los medios y la educación, también de las futuras generaciones.

En el último sondeo sobre voto en las elecciones, en abril de 2024 en España, el 17% de los jóvenes entre 18 y 24 años optaba por votar a VOX, el partido de la ultraderecha.

Por eso, es clave entender cómo se está infiltrando su discurso también en el ámbito educativo, en el relato de los distintos agentes de la comunidad escolar (estudiantes, familias, administraciones educativas y profesorado) y en los procesos de formación del sujeto que hacen necesario plantear estrategias alternativas para prevenir y combatir el auge de este neofascismo en la educación y en la sociedad.

Para ello, se hará primero una breve descripción del fenómeno del neofascismo que nos viene. En segundo lugar, se analizará la guerra neocortical y la modelación de la subjetividad en la sociedad neoliberal que se está produciendo y cómo se está desatando una guerra emocional utilizando la neuropolítica ciberactivista en las redes sociales y de comunicación. Pero la segunda parte del libro tratará de avanzar en cómo combatir el auge del fascismo. Como primer paso se describirá y analizará cómo está penetrando el neofascismo en la educación, para, a continuación, describir diferentes pedagogías "radicales" de cara a combatir el neofascismo en las aulas, en los centros y en las políticas educativas. Posteriormente, nos centraremos en las claves para defender lo común, apostándole por una concepción de seguridad integral y de derechos humanos frente a las ideologías neoconservadoras, y en las claves para garantizar esa seguridad vital y el reparto de lo común a través la renta básica como mecanismo de tránsito en el proceso de superación del capitalismo y el neofascismo.

El neofascismo que nos viene

Enrique Javier Díez Gutiérrez[8]

El neofascismo es esa peste, esa enfermedad política (Camus, 2004) que corroe una democracia vulnerable y frágil y que nunca se podrá erradicar por completo sin la superación del sistema capitalista, como argumentaban Walter Benjamin (1989) o Bertolt Brecht (2001), pero que debemos, mientras tanto, contener de forma constante y tenaz.

Cuando hablamos de fascismo (Paxton, 2019) tendemos a pensar en los movimientos fascistas clásicos ligados a personajes como Hitler, Mussolini, Pinochet, Videla, etcétera, responsables de genocidios y crímenes contra la humanidad. Pero Hitler fue durante mucho tiempo un político aceptado y valorado que llegó al poder a través de un proceso democrático. Mussolini instauró una dictadura fascista tras convertirse en presidente del Consejo de Ministros de Italia sustentado por una coalición de partidos. Pinochet fue aplaudido por Estados Unidos. De hecho, el fascismo ha sido un fenómeno muy popular, aceptado en Europa y Estados Unidos, financiado por la alta burguesía de esos países, con un discurso "antipolítica" y la complicidad y el blanqueamiento de autoridades, políticos, empresarios y prensa, que acabaría consiguiendo conformar un tablero de *bandos* enfrentados mediante la crispación política y social, que es el terreno en el que mejor se mueve, el de la confrontación, la provocación y la violencia.

El actual retorno del fascismo no hace referencia al nazismo. El actual neofascismo no es una réplica mimética del fascismo clásico de antaño: sus líderes ya no hacen públicamente el saludo nazi, ni son cabezas rapadas, ni se tatúan esvásticas en el cuerpo de forma compulsiva pues no es un buen marketing de cara a su imagen pública, e, incluso, muestran su apoyo explícito al régimen israelí.

Es una extrema derecha 2.0, que incluye a neoliberales autoritarios, homo-identitarios y neofascistas. Utiliza un lenguaje y un estilo populista. Con un discurso sustentado en el odio de clase, de etnia y

---

8 | Profesor de la Universidad de León (España).

de sexo. Pretende dar la batalla cultural por la hegemonía ideológica, marcando la agenda mediática y política, y adoptando para ello estrategias de provocación constante a través de la propaganda y las *fake news* en las redes sociales y a través de la reapropiación de los instrumentos de movilización más habituales de los movimientos sociales, tales como la toma de calles, las manifestaciones públicas, los escraches o los mítines, exhibiendo simbologías y consignas llamativas y provocadoras.

Las políticas neoliberales con sus privatizaciones masivas, el ataque a los derechos sociales y a lo público, a la misma idea del bien común, así como la promoción del individualismo y el egoísmo, del "sálvese quien pueda", han sentado las bases del actual auge del neofascismo. Un entorno social cuidadosamente diseñado para desalentar la movilización y la solidaridad colectiva. A través de exacerbar el individualismo sociológico y el consumismo enajenante hemos alcanzado niveles de desarticulación colectiva que hace un siglo hubieran requerido de una represión feroz o de la ilegalización de las organizaciones sociales. Todo ello ha permitido que se difundan como una ola los discursos etnonacionalistas y neofascistas que se presentan como soluciones autoritarias ante el desamparo y abandono —o la impotencia o incapacidad— por parte de los poderes públicos (Brown, 2021).

El neofascismo recoge elementos sustanciales de la tradición clásica del fascismo: la propiedad privada y los valores tradicionales de la nación; la apelación a un pasado mítico (sea el imperio colonial "conquistado" y perdido o la dictadura franquista como tiempo de estabilidad); la búsqueda de chivos expiatorios a quienes atribuirles todos los males y contra quienes centrar todos los rencores, para lograr la confrontación antagónica de un *nosotros* contra un *ellos*; el combate contra la supuesta islamización de Europa; la bandera del orden público, el control social, la autoridad y la disciplina (sea con la insistencia en la prisión permanente revisable o el apoyo de las leyes mordaza), o la denuncia de las "imposiciones" de la Unión Europea.

Pero junto a estos ejes clásicos del fascismo, el neofascismo suma actualmente su lucha contra lo que denomina como la «ideología de género» y el feminismo «supremacista» (denunciando las leyes contra la violencia de género); asume las teorías de la conspiración y utiliza las *fake news* (sea la financiación venezolana e iraní a Podemos o la invasión musulmana); recurre al victimismo (alegando que los taurinos y cazadores son oprimidos por el «totalitarismo animalista», que los hombres están atemorizados por las leyes de igualdad o los católicos marginados por el laicismo); se manifiesta contra la «dictadura de lo políticamente correcto» (provocando en aspectos que eran hasta hace poco impensables), y defiende la homofobia, el ecofascismo, pero, especialmente, el modelo neoliberal. Hacen alegatos exaltados en los que defienden ser los adalides de la «libertad» individual y el emprendimiento de los empresarios frente al igualitarismo y la organización colectiva (exhibiendo su antisindicalismo y su posición anti movimientos sociales). Conjugan así un programa económico radicalmente neoliberal con la provocación del rencor y el miedo colectivo, anclados en el más rancio neoconservadurismo social.

Esta apuesta del neofascismo por la exaltación del neoliberalismo les desmarca del coqueteo con aspectos sociales que tuvieron inicialmente los fascismos del siglo XX. Actualmente, uno de los elementos que más lo define es su íntima conexión con el neoliberalismo (Pavón, 2020), un fuerte vínculo con los mercados, el poder financiero y el capitalismo global: «Los estragos causados por el neoliberalismo (desigualdad, empobrecimiento, intemperie, miedo, resentimiento, desconfianza en la democracia) han preparado el terreno para que emerja un nuevo fascismo que, lejos de combatir al neoliberalismo causante, se ofrece a él para llevar su hegemonía aún más lejos» (Guamán *et al.*, 2019, 7). El neoliberalismo y el neofascismo constituyen, así, dos expresiones indisociables entre sí de una misma configuración actual del sistema capitalista.

El neofascismo actual es profundamente neoliberal: su bandera también es la del Estado mínimo excepto, por supuesto, en el control a cargo de los cuerpos y fuerzas de seguridad y en el refuerzo de lo militar. Rechaza cualquier regulación estatal para paliar algunos de los efectos más destructivos del capitalismo, calificándola como comunismo, socialismo o populismo de izquierdas. Considera cualquier empresa pública como «chiringuito» (excepto las que dan ocupación y remuneración a sus cargos), oponiéndose vehementemente a los impuestos progresivos, al control de los grandes oligopolios o a poner tasas a la libre circulación del capital. Repudia la propiedad pública en las áreas de educación, salud, servicios sociales, transporte, infraestructura, deporte o cultura y aboga por convertirlas en negocio, argumentando que así habrá «más opciones en libertad».

El neofascismo no cuestiona los paraísos fiscales ni a quienes hacen negocios sin pagar los impuestos que corresponden. Apuestan por las privatizaciones en los sectores estratégicos porque aplauden el «libre mercado». Denuncian de forma disparatada como «castrochavistas» a dirigentes como Joe Biden, Pedro Sánchez o Pedro Castillo. Acusan de «terrorista» a quien sugiere que las grandes fortunas paguen un 1% para salir de la crisis con un reparto más justo y, por supuesto, llaman a combatir al «comunismo internacional» y a luchar contra cualquier propuesta que suponga un reparto justo de los recursos y los bienes. Es como si el capitalismo fuera lo único sagrado para ellos. De hecho, ninguno de los grandes movimientos neofascistas de la actualidad mantiene posiciones que cuestionen el capitalismo. El discurso neoliberal ha acabado siendo visto por el neofascismo como condición natural y normal de la futura sociedad (Ramos, 2021).

Como planteaban Benjamin (1989) o Brecht (2001) no se puede abordar el fascismo sin cuestionar el capitalismo. Su superación definitiva pasa por la superación del sistema capitalista. Mientras exista el capitalismo, el fascismo nunca se irá definitivamente. De hecho, el neofascismo no tiene nada de antisistema, sino que constituye el plan B autoritario del sistema. Cuando los poderes económicos ven la posibilidad real de que se implementen políticas de impuestos progresivos, que se regule el mercado, que se renacionalicen empresas estratégicas, se apliquen reformas agrarias o se puedan establecer medidas efectivas para una distribución real de la renta amenazando sus tradicionales posiciones de poder y privilegio, bajan el telón de la ficción democrática asumida formalmente y resurge el fascismo, olvidando incluso los consensos democráticos mínimos.

El neofascismo cumple una función clave en el tablero de la geopolítica: la de ocultar las raíces reales de la injusticia social y las crisis para, de esta forma, neutralizar la posibilidad de que se cuestione la responsabilidad de las élites económicas y financieras. Lo que hace la extrema derecha es sembrar la discordia entre los perdedores del modelo neoliberal, fomentando, por una parte, el orgullo de sentirse superior y, por otra, canalizando la ira popular hacia los colectivos más vulnerables. El neofascismo incita al odio y a la ira, no contra los causantes de la desigualdad, sino contra los que la sufren. Así, mientras se alimenta la guerra entre pobres, quienes controlan el poder siguen repartiéndose el pastel y la fractura social se acrecienta con dos efectos colaterales.

El primer efecto es la amplificación de la «teoría de la equiparación o equidistancia». Se está consiguiendo reconstruir el imaginario colectivo situando a todo movimiento progresista que cuestione el capitalismo como si fuera el otro extremo de la ecuación del denominado populismo, acusándole de «extrema izquierda radical». Tildando con el epíteto vacío de "populista" (sin saber muy bien qué significa) tanto a las opciones fascistas (totalitarias y antidemocráticas) como a las opciones comunitarias anticapitalistas y antifascistas (de defensa del bien común). Así, el centro del tablero político queda redefinido por el conservadurismo y el neoliberalismo, que se convierten automáticamente en opciones de centro, «moderadas», «responsables» y «de gobierno». Como dice Rendueles (2020, 42):

> a los intelectuales orgánicos del cosmopolitismo liberal les encanta agrupar todas esas fuerzas emergentes en el cajón de sastre del populismo. Es la famosa teoría de la herradura, que afirma que los extremos políticos se tocan: los partidarios de la igualdad y la democratización de las instituciones económicas vienen a ser lo mismo que los racistas, neofascistas y autoritarios. Todos radicales, todos extremistas. Esa tesis, planteada abiertamente por personas prestigiosas y aparentemente serias, no sólo es una idiotez ofensiva, también es un suicidio político.

El segundo efecto es la denominada como «lepenización de los espíritus». El neofascismo ha conseguido radicalizar y polarizar el marco del debate público, de la agenda política y mediática, hasta el punto de que buena parte de sus postulados están siendo asumidos no solo por los grupos políticos conservadores de la derecha y los liberales, sino también incluso por algunos grupos progresistas y socialdemócratas, especialmente cuando se abordan las políticas migratorias, claramente discriminatorias y punitivas, y las políticas represivas en materia de derechos y libertades: «Los partidos que se dicen democráticos han hecho propia la agenda ultra en temas como inmigración, nacionalismo, seguridad, derechos sociales o valores, y se muestran dispuestos a pactar gobiernos y hasta a ofrecer ministerios» (Guamán *et al.*, 2019, 12). Es más, la aparente entrada en el juego democrático del neofascismo, mientras les sirva, ha presionado a otros partidos políticos a radicalizarse para evitar la migración de los votos y para justificar y blanquear su cogobernanza con esa extrema derecha (Fundación los Comunes, 2020).

En buena parte del mundo ya no se cuestiona ni siquiera la posibilidad de pactar con los partidos de ultraderecha, excepto contadas excepciones[9]. Por eso, hemos de ser conscientes de que este neofascismo que viene cuenta con la capacidad de destruir la democracia en nombre de la democracia. La experiencia histórica en Europa, Lationamérica y en todo el mundo nos muestra que una vez que están dentro de las instituciones cuentan con recursos mediáticos, políticos, económicos e institucionales que hacen muy difícil que acaben desapareciendo.

Bibliografía

Benjamin, W. (1989). *Discursos interrumpidos I*. Taurus.

Brown, W. (2021). *En las ruinas del neoliberalismo. El ascenso de las políticas antidemocráticas en occidente*. Traficantes de sueños.

Brecht, B. (2001). Las cinco dificultades para decir la verdad. *Filosofía, política y economía en el Laberinto*, (6), 114-120.

Camus. A. (2004). *La Peste*. Gallimard.

Fundación los Comunes (Ed.). (2020). *Familia, raza y nación en tiempos de posfascismo*. Traficantes de Sueños.

Guamán, A., Martín, S., y Aragoneses, A. (2019). *Neofascismo: La bestia neoliberal*. Siglo XXI.

Pavón, D. (2020). El giro del neoliberalismo al neofascismo: universalización y segregación en el sistema capitalista. *Desde el jardín de Freud: revista de psicoanálisis*, (20), 19-38.

Paxton, R. O. (2019). *Anatomía del fascismo*. Capitan Swing.

Ramos, M. (Coord.). (2021). *De los Neocon a los Neonazis: la extrema derecha en el Estado español*. Fundación Rosa Luxemburgo.

Rendueles, C. (2020). *Contra la igualdad de oportunidades*. Seix-Barral.

---

9 | El gobierno de Portugal de la Alianza Democrática del conservador Luis Montenegro, con sólo 80 diputados en un Parlamento de 230 escaños, fue en 2024 fruto de un pacto de mínimos, con la complicidad inicial externa del Partido Socialista (78 diputados), para que la ultraderecha no entrara en el gobierno. Una ultraderecha que en las últimas elecciones portuguesas experimentó un gran crecimiento.

Más allá del discurso del odio: Guerra neocortical y modelación de la subjetividad en la sociedad neoliberal

María José Rodríguez Rejas[10]

> *«Yo creí que el odio era mío hasta que*
> *descubrí a un tipo susurrándome al oído»*
> De una caricatura de El roto

1. Las tramas de la violencia en la construcción de una cultura del odio

Vivimos tiempos violentos. Asistimos a la propagación del discurso de odio desde medios de comunicación, redes sociales, en los intercambios cotidianos entre vecinos y ciudadanos; palabras violentas que nombran a otra persona o colectivo despreciándolo y cosificándolo, Términos con los que se segrega a un "otro" distinto, con otra visión del mundo, con otro rostro, vestimenta, acento; un "otro" al que se percibe como amenaza que, a veces, procede de un lugar lejano del que migró pero, en general, ese trato despreciativo se emplea contra todo ciudadano empobrecido, sea o no migrante. La variable fundamental en la ideología del odio es la condición de clase y se intensifica cuando se combina con la variable étnica.

A medida que la desigualdad se profundiza, aquella quimera llamada globalización sin apellido, que se vendió mundialmente desde fines del siglo XX, cae para dar paso al rostro descarnadamente violento de la sociedad neoliberal en la que el saqueo y la explotación son el aceite que engrasa la maquinaria de la acumulación y concentración de riqueza y poder sin contención. A medida que las contradicciones se profundizan, la sociedad neoliberal emerge como sociedad protofascista. El lenguaje nombra a través de las palabras a quienes identifica como causantes, responsables, culpables, de la desaparición de un mundo que se desvanece, un pasado de bienestar que en realidad nunca fue —al menos no para todos— pero, sobre

---

10 | Profesora de la Universidad Autónoma de la Ciudad de México-UACM (México).

todo, un futuro que ya no será más en el contexto neoliberal. Para unos es el bienestar social, el acceso al trabajo, al sistema de pensiones, para otros una identidad cultural e incluso una idea de país. En ese río revuelto, los sectores dominantes se camuflan detrás de términos emocionales como nación, civilización, crecimiento, con los que invocan un antiguo mundo que tampoco existió pero que en el imaginario de muchos se percibe como certeza y posibilidad de un mejor futuro y que está en la base de la normalización. El tema de la normalización de la violencia y crueldad que se expresa en el discurso del odio.

En este trabajo queremos ir más allá del discurso, de las palabras y de la construcción del lenguaje del odio para adentrarnos en ¿cómo y quiénes lo construyen?, ¿qué visión del mundo lo sostiene y proyecta?, ¿quiénes son los sujetos del odio?, ¿quiénes son los odiadores, esos que lo difunden?, ¿cuál es la lógica de esa mirada sobre los otros?, ¿cuál es su funcionalidad y a qué intereses responde?, y... ¿cómo se vinculan concepción-lenguaje-acción-representación? Es decir, trataremos de presentar el campo de condiciones en que se produce y reproduce la violencia del odio; pretendemos problematizar las tramas de la dominación en las sociedades neoliberales a partir de la funcionalidad de la ideología que sostiene los procesos de derechización.

Nos centraremos para ello, por un lado, en la ideología entendida como visión-concepción-representación del mundo desde la cual se actúa y, por otro, en las prácticas-acciones-interacciones a través de las cuales se expresa y produce esa visión del mundo en la vida cotidiana (Therborn, 1987). Trataremos además, de plasmar las raíces histórico-culturales de las que se nutre y el caldo de cultivo que encuentra en la violencia neoliberal para entender la especificidad que asume en nuestros días. Combinaremos la escala local y nacional en un país como España, donde, al igual que en Europa en general, la derecha y extrema derecha van copando los espacios institucionales de representación político-electoral. Esta combinación de variables y dimensiones espaciales y temporales corresponden a lo que Elsa Blair define como las tramas de significación y sentido de la violencia; es decir, el campo social de condiciones en que se inscribe y produce así como la dinámica de los actores involucrados, lo que hace de la violencia y una de sus formas específicas como es el odio, una construcción social que rompe con la perspectiva de los enfoques individualistas que lo restringen a las razones e historia personal del sujeto que ejerce esa violencia: «La producción de dolor, crueldad y sufrimiento [es] producido en un contexto social completamente atravesado por la violencia y, en esa medida, es el mismo contexto social el que puede explicar esa acción violenta sin recurrir a 'razones' de orden psicológico de lo indivudual. Ellos tienen una significación que sólo puede ser social» (2001, p.84).

El discurso y acción de los odiadores aparece en muchos lugares de nuestra vida cotidiana, desde conversaciones informales hasta la barra del bar así como en las reuniones familiares. De ahí que el objetivo sea problematizar los procesos de socialización que modelan la subjetividad y que inciden en la forma en que vemos a los "otros" y el mundo en el que vivimos, así como la forma en que actúamos y representamos ese mundo en nuestras interacciones. La subjetividad específica de la sociedad neoliberal, sustentada en la homogeneidad cultural dominante, se construye desde la idea de un "otro" como amenaza que tiene la condición de excluido y pauperizado, sea "extranjero" o no. Si, además, se tiene otro color de piel, otro acento al hablar, otra vestimenta, otras festividades, otras creencias u otra concepción del mundo, la percepción de amenaza se amplifica.

Es decir, partimos de entender la realidad como una construcción social (Berger y Luckmann, 2001), resultado de las representaciones de los distintos actores: unos, los odiados, son los sujetos que reciben esa carga de odio —desde el discurso hasta la acción—; los otros, los odiadores, son los que proyectan y reproducen el discurso y las prácticas segregadoras; otros más, son los productores del discurso, mucho más invisibles pero definitorios, y, por último, están los espectadores, quienes observan y no participan activamente de esa relación violenta pero que tienen una importante capacidad de incidencia en esa construcción social dependiendo de si usan su voz y acción o si guardan silencio y se mantienen pasivos. Éstos son los destinatarios centrales de la ideología del odio, los sujetos en disputa a los que se aspira a silenciar, neutralizándolos, o en el mejor de los casos, a captarlos como potenciales odiadores. ¿Qué estamos haciendo frente a la normalización de esa ideología y las prácticas que la acompañan? ¿Qué podemos hacer?

2. La normalización de la cultura del odio y el ascenso de la extrema derecha en Europa

Si hacemos un seguimiento del ascenso de la derecha y extrema derecha en Europa, es evidente la rapidez del crecimiento desde inicios del siglo XXI; el proceso se ha dado en un corto periodo de tiempo. La ultraderecha conformó gobierno en Italia en septiembre de 2022 con Giorgia Meloni al frente, cuyo partido Fratelli d'Italia obtuvo 119 escaños, logrando mayoría en alianza con la Liga y Forza Italia (*Eldiario. es*, 26 septiembre de 2022). Era el resultado de un continuo ascenso en las elecciones locales y parlamentarias desde la década de los noventa a lo largo de un recorrido en el que se fueron formando diversos partidos de extrema derecha y derecha a la par que se fortalecían algunos ya existentes como la Liga, que pasó a convertirse en la tercera fuerza política del país en las elecciones de 2022, o Forza Italia. La tendencia neoconservadora se refrendó en las elecciones al Parlamento Europeo celebradas en 2024 donde el partido de Meloni, Hermanos de Italia, aumento en 18 escaños su representación mientras el centroizquierdista Partido Democrático consigo sólo 2 escanos más.

En Francia, la ultraderechista Marine Le Pen llega a la segunda vuelta en las elecciones presidenciales de 2022, obteniendo 40% de los votos con 3 millones de votantes, resultado de una larga historia de expansión de la ultraderecha desde mediados de los ochenta en un contexto de debacle de los partidos tradicionales (*France 24*, 1 de abril de 2022). Si en 2012 el Frente Nacional —hoy Agrupación Nacional RN— logró 8 diputados en las legislativas, en 2022, obtuvo los mejores resultados de su historia con 89 diputados. La posibilidad real de hacerse con la presidencia condujo a un acercamiento entre Macron y La República en Marcha —ahora Renacimiento—, de corte liberal, asumiendo el discurso de la derecha (Aguirre, 28 abril de 2022). El desastre en las elecciones europeas en junio de 2024 que llevó a la extrema derecha a obtener 8 escaños más, exactamente los que perdió el grupo de Macron[11], desató una crisis que desembocó en la convocatoria de elecciones legislativas anticipadas. Éstas, que logró ganar la colación de izquierda junto con el centrismo, agrupados en el Nuevo Frente Popular, en una operación política de emergencia destinada a frenar el avace de la extrema

---

11 | Elecciones europeas 2024. Francia. *El País*, https://elpais.com/internacional/elecciones/europeas/18/

derecha, pusieron de manifiesto no sólo el esfuerzo del contrapeso sino, sobre todo, la fuerza ascendente de Renovación Nacional que fue el partido más votado, con el 37% de los votos, la tercera fuerza en número de escaños[12] a los que habría que sumar otros cuatro de La France Fiere.

En Alemania, la extrema derecha que venía ganando representación, sobre todo en los estados del este, logró entrar al parlamento en 2017 por primera vez desde los años treinta (*El país*, 25 septiembre 2017). Mientras en 2013, la extrema derecha, agrupada en el entonces Partido Nacional Democrático, obtenía sólo un 1,5% de los votos, en 2017 Alternativa por Alemania (AfD) alcanzaba el 12,6%. El regreso de la socialdemocracia al poder en las elecciones de 2021 significó un retroceso de AfD aunque no su desaparación; mientras se fortalecían en regiones como Baviera y Hesse, donde se ubica Francfort, en las elecciones de octubre de 2023 donde obtuvieron el resultado más alto logrado en los estados del oeste, así como el Partido Democrático Libre (FDP), de abierta ideología neoliberal (Donne, 6 julio 2023). En las elecciones europeas[13], las primeras con participación a nivel nacional desde 2021 tras el triunfo que regresó a la socialdemocracia al gobierno, AfD no sólo logró un segundo lugar con el 15,9 de los votos, tras la CDU que obtuvo el 30%, sino que superó a socialdemócratas y verdes, obteniendo cuatro escaños y llegando a 15, más que en las anteriores elecciones mientras el SPD y Verdes perdían 2 y 9 escaños respectivamente. En las elecciones regionales en el este, que tuvieron lugar en Turingia y Sajonia en septiembre de 2024, AfD obtuvo un importante avance considerado como "histórico" ya que se trataba de la primera vez desde 1929 que la extrema derecha salía victoriosa en elecciones regionales. AfD, que ya había conseguido previamente la alcaldía de Turingia, obtuvo casi 33% de los votos, 9 puntos por encima de la CDU, mientras en Sajonia superaba el 30%, a punto de alcanzar el primer lugar y desplazar a

---

12 | Resultados de las elecciones en Francia de 7 de julio de 2024. *El País*, https://elpais.com/internacional/2024-07-08/los-resultados-de-las-elecciones-en-francia-en-directo.html

13 | Parlamento Europeo 2024-2029. https://results.elections.europa.eu/es/alemania/ «El mapa de la extrema derecha en Europa: cuántos diputados tiene en cada país», en *Eldiario.es*, 10 de junio de 2024. https://www.eldiario.es/internacional/francia-italia-austria-hungria-belgica-cinco-paises-ganado-extrema-derecha_1_11435576.html

los demócratacristianos[14]. Mientras, el SPD, los Verdes y los liberales de FDP apenas lograban superar el 10% juntos, en un voto que les castigo ante la pérdida del poder adquisitivo, los despidos y las condiciones generales de crisis del país. Afinales de 2024, la coalición de gobierno a nivel nacional se vio envuelta en una profunda crisis que condujo a convocar elecciones anticipadas en febrero de 2025. La crisis, derivada de los severos y múltiples problemas económicos tras la confrontación con Rusia y la pérdida del petróleo barato ruso, así como la pérdida de competitivad de la industria alemana, que ha ido trasladando sus instalaciones a Estados Unidos y otros países, se ha convertido en una bandera de la extrema derecha y está por verse hasta dónde logrará escalar posiciones más allá del llamado a tender un "cordón sanitario" a la derecha. De hecho, en Sajonia, el jefe de gobierno, perteneciente a la CDU se reunió con el líder de AfD en el parlamento sajón en lo que se supone puede ser un signo de las alianzas electorales próximas.

En Austria, el Partido de la Libertad (FPO) ya en 1999 había logrado obtener el 26,9% en las elecciones generales. En 2013, Alianza por el futuro y FPO obtenían, con posturas antiinmigrantes y demagógicas, el 3,5% y 21,5% respectivamente. La extrema derecha llega en dos ocasiones con gobiernos de "gran coalición", en los que se aglutinan fuerzas de derecha de distinto signo con nuevos partidos de extrema derecha (Velert, 7 enero 2020). En 2023, la ultraderecha era la tercera fuerza del país y FPO el primer partido en intención de voto (Coste, 7 mayo de 2023). En las elecciones europeas de junio de 2024, FPO obtuvo el 25,35% de los votos y fue la tercera fuerza. Tres meses más tarde, en septiembre de 2024, ganó las elecciones legislativas en lo que se considera una "victoria histórica" alcanzando el 29,2% de los votos y 58 escaños, dejando atrás al Partido Popular Austriaco (ÖVP), que obtuvo el 26,5%, y a la socialdemocracia del SPÖ, que alcanzó el 21%. Es el resultado más alto obtenido por FPO desde su creación en 1956. Desde entonces, se abrió un periodo de incertidumbre que ha ido retrasando la conformación de gobierno ante las negociaciones

---

14 | «Allemagne: l'inquiétante montée de l'extrême droite», en *Le Monde*, 2 de septiembre de 2024. https://www.lemonde.fr/idees/article/2024/09/02/allemagne-l-inquietante-montee-de-l-extreme-droite_6302056_3232.html
Kirby, Paul. «Por qué es histórica la victoria de la ultraderecha en el este de Alemania y cuáles son los límites de su triunfo», en *BBC News*, 2 de septiembre de 2024. https://www.bbc.com/mundo/articles/ckgjpywr9d8o

para conformar una amplia alianza que deje afuera a la extrema derecha, lo que no significa que no vaya a tener un lugar esencial en el juego político[15].

Un caso similar es el de la República Checa, donde la extrema derecha carecía de representación en 2015, cuando se funda Libertad y Democracia (SPD). Sin embargo, en 2017 era ya la segunda fuerza del país con el 11,5% del electorado y si bien perdió más de la mitad de sus votantes en 2021, la alianza de cinco partidos de derecha se quedó en el poder. Aunque en esas elecciones parlamentarias de 2021 la extrema derecha del SPD se quedó en un cuarto lugar, el efecto es que ha desplazado el conjunto del espectro político hacia la derecha. Así, en septiembre de 2022, como respuesta a las políticas de austeridad del gobierno de centro derecha, el movimiento de extrema derecha Trikolóva convocó a una manifestación contra el Gobierno logrando movilizar a más de 70.000 personas, entre sus demandas incluía la nacionalización de la empresa de energía y la interrupción de la ayuda militar a Ucrania. Es decir, logró capitalizar el descontento social y el miedo a la pobreza en general y a la pobreza energética en particular[16]. El gobierno de derecha sigue perdiendo apoyo y se espera que pierda el poder en las elecciones presidenciales de 2025, sin embargo, el retorno del también conservador ANO2011 puede que vaya acompañado de una coalición con el SPD y el conservador ODS para formar gobierno. Tras las elecciones europeas en 2024, la extrema derecha de Hungría,

15 | Corsini, Hanna. (2024, 30 de septiembre). «Austria: ¿qué es el FPÖ? Historia y perspectivas del partido de extrema derecha que acaba de ganar las elecciones parlamentarias», en *El Grand Continent*. https://bit.ly/40uVrBU
DW (2024, 29 de septiembre). «Extrema derecha gana las elecciones legislativas en Austria», https://bit.ly/4jrNOov
El País (2024, 22 de octubre). «El presidente de Austria encarga formar Gobierno a los conservadores al no lograr socios la ultraderecha». https://bit.ly/3E6gL9A
Euronews (2024, 18 de noviembre). «Una coalición austriaca tripartita empieza a tomar forma sin la extrema derecha». https://es.euronews.com/my-europe/2024/11/18/una-coalicion-austriaca-tripartita-empieza-a-tomar-forma-sin-la-extrema-derecha

16 | «Gracias a una alta participación, el partido de Andrej Babiš superó a la coalición en el poder en la República Checa». Elecciones 2024. *Le Grand Continent*. https://legrandcontinent.eu/es/elecciones/republica-checa/
Resultado de las elecciones europeas. Chequia. https://results.elections.europa.eu/es/resultados-nacionales/chequia/2024-2029/
VoxEurop (2024, 2 de junio). «"Se deberían haber esforzado más": Chequia no puede encontrar una respuesta al populismo», https://voxeurop.eu/es/chequia-populismo-extrema-derecha-sociedad-civil/

Austria y República Checa, formaron un nuevo grupo parlamentario —"Patriotas por la Libertad"— al que se fueron uniendo las fuerzas de extrema derecha de los demás países de la UE (Vox de España, RN de Francia, el Partido por la Libertad de los Países Bajos, la extrema derecha italiana, danesa, griega, portuguesa, polaca y letona).

En Chipre, el ascenso es meteórico. ELAM, el partido de extrema derecha era marginal en 2011 con tan solo el 1,1% de los votos. En 2022, obtiene 6,8% de los votos y la derecha nacionalista gana la mayoría de la cámara y forma gobierno. En las elecciones presidenciales de 2023, en las que triunfa un candidato independiente apoyado por la socialdemocracia y los liberales, el Frente Nacional Popular (ELAM) pasa a ser la cuarta fuerza política, captando cada vez más votos con su discurso anti-inmigrante. De hecho, las manifestaciones racistas y ataques contra los migrantes y refugiados no han dejado de crecer y tomar tintes dramáticos, como los hechos acaecidos en 2023. En las elecciones europeas de 2024, ELAM consiguió un escaño y se posicionó como cuarta fuerza política mientras la derecha, Agrupación Democrática (DISY), conseguía el primer lugar.

En los Países Bajos, el Partido por la Libertad obtiene tempranamente, en 2009, el segundo mejor resultado con el 16,9% de los votos y, a pesar de haber perdido posteriormente una parte de los apoyos, se mantuvo como la tercera fuerza del país a la par que emergieron otros grupos de extrema derecha como Foro por la Democracia que con el 5% de los votos logró 8 diputados en 2021, 6 más que en las elecciones anteriores. En 2023 tuvieron lugar elecciones anticipadas después de que la coalición de gobierno de centro derecha se fracturara ante el conflicto por el endurecimiento de la política de asilo que encabezó el primer ministro del Partido Popular Libertad y Democracia (VVD), de derecha. Las elecciones le dieron el triunfo a la extrema derecha; el Partido por la Libertad (PVV) consiguió 20 escaños más, aunque la socialdemocracia del GL-PVDA también tuvo un avance logrando 8 escaños más. Tras varios meses de crisis política, en julio de 2024 se logró constituir una coalición integrada por la extrema derecha y la derecha de distinto signo (PVV, VVD, Movimiento Ciudadano Campesino y Nuevo Contrato Social). En las elecciones europeas de 2024, igualmente, el PVV consiguió 6 escaños más.

En Hungría, la derecha encarnada en el Fidesz-Unión Cívica Húngara llega al gobierno desde 1998 y posteriormente ha repetido en cuatro ocasiones, en coalición con otras fuerzas (Fundación Por Causa, 2017). En 2022, nuevamente ganó y logró dos tercios de la Cámara con 53,13% de los votos. A ella hay que agregar dos agrupaciones más pequeñas también de extrema derecha: Movimiento Nuestra Patria (MHM), que se se ha constituido en la tercera fuerza electoral con el 6,22% de los votos y 7 escaños, logrando entrar al Parlamento, y Movimiento por una Hungría Mejor (Jobbik), que en 2018 ya había alcanzado el 19,06% de los votos en las elecciones parlamentarias y que en 2022 pasó a ser el segundo partido representado. Hay que destacar que tanto la campaña de MHM como de la alianza Fidesz-KNDP se hicieron eco del rechazo a entrar en la guerra y apoyar a Ucrania. No obstante, en las elecciones euroepas de 2024, Fidesz no logró los resultados esperados, perdiendo 2 escaños en relación a 2019; aún así, obtuvo el 44,82% de los votos. Los votos perdidos se trasladaron a otro partido de extrema derecha encabezado por un miembro de Fidesz que rompió con el partido para crear Tisza, que logró el 29,6% de los votos. Si a estas dos fuerzas de extrema derecha le sumamos el 6,71% obtenido por Nuestra Patria, el 80% del electorado se posicionó en esa parte del espectro político.

En Eslovenia, los conservadores del Partido Demócrata Esloveno (SDS) son la segunda fuerza política en 2022 en las elecciones parlamentarias siendo desplazados por la coalición de liberales, socialdemócratas e izquierda, el Movimiento por la Libertad de Eslovenia (Svoboda). No obstante, el SDS, con un discurso nacionalista y anti-inmigrante, logró el primer lugar en las elecciones europeas de 2024, con el 30,5% de los votos y 4 escaños, lo que les llevó a duplicar su representación.

En Polonia, una alianza de fuerzas ultraconservadoras, encabezada por Ley y Justicia (PIS), que tiene estrechos vínculos con VOX y otras agrupaciones de extrema derecha en Europa, estuvo en el poder durante dos legislaturas desde 2014. Gobernó con el apoyo Konfederacja, organización de ultraderecha aún más radical, antisemita y homófoba. Aunque, por primera vez desde entonces, fueron desplazados en las elecciones parlamentarias de 2023[17], que contaron con la mayor participación de la historia electoral del país, por una hetero-

---

17 | *El Salto* (2023, 21 de octubre). «Elecciones parlamentarias en Polonia: victoria de la democracia liberal y derrota de la izquierda». https://www.elsaltodiario.com/polonia/elecciones-parlamentarias-polonia-victoria-democracia-liberal-derrota-izquierda

génea coalición integrada por liberales, demócratacristianos, neoliberales e incluso la izquierda liberal. PIS obtuvo el 35,38% de los votos, con 194 escaños, pero no logró formar gobierno. KO, de orientación neoliberal, obtuvo el 30,7% de los votos; Tercera Vía, los demócratacristianos, el 14,4%, y La Izquierda (Lewica), el 8,61%. En las elecciones europeas de 2024, se repitió la tendencia, logrando KO el 37,06% de los votos y PIS un segundo lugar con el 36,16%. No obstante, si a ellos les sumamos el 12,08% de Konfederacja, los ultraconservadores lograron el 28,08% mientras que Lewica sólo obtuvo el 6,3%. Lo mismo había sucedido en las elecciones regionales de abril de 2024 en las que, aunque PIS se mantuvo como primera fuerza con el 34,27% de los votos, perdió 15 lugares que se transfirieron a la coalición liberal (Coalición Cívica), que obtuvo el 30,59% de los votos. La izquierda perdió votos y representación (3 lugares) en estas últimas elecciones regionales.

En Dinamarca, la extrema derecha representada por el Partido Popular Danés ha sido una pieza esencial para sostener a los gobiernos conservadores que requieren formar coalición. Hay que recordar que el Partido Popular Danés, desde que se presentó por primera vez a unas elecciones en 1973, se convirtió en el segundo partido más votado, siendo uno de los partidos de ultra derecha más exitosos en Europa. Su participación en los gobiernos de centro derecha se plasmó en unas de las políticas migratorias más restrictivas de la UE. En las elecciones generales de 2022[18], convocadas anticipadamente tras la crisis del Partido Popular Danés, la coalición progresista Bloque Rojo, ganó aunque por un escaso margen. Sin embargo, la socialdemocracia fue ampliando la participación de fuerzas de centro derecha en la coalición, como es el caso de Moderados, un partido de reciente creación, al tiempo que expulsaba a sus aliados de izquierda. Como señala Therborn (2022)[19], la socialdemocracia acabó abrazando aspectos del programa de la derecha, como su postura anti-inmigrante. Esto se tradujo en que no sólo la socialdemocracia sino todo el espectro político acabó girando a la derecha en su pelea por contener a la extrema

18 | Von Eggers, Nicolai (2023, 7 de marzo). «¿Nueva estabilidad en Dinamarca?», en *El Salto.* https://www.elsaltodiario.com/sidecar/nueva-estabilidad-dinamarca

19 | Therborn, Göran (2022). «Las paradojas de las socialdemocracias nórdicas», en *Nueva Sociedad*, N° 297 https://nuso.org/articulo/las-paradojas-socialdemocracias-nordicas/

derecha, lo que ya hemos visto en el caso de otros países como una tendencia. Al mismo tiempo, la crisis del Partido Popular Danés ha dado lugar a la aparición de nuevos partidos de extrema derecha con los que ahora tiene que competir. No es casualidad que en las elecciones generales de 2022, Nueva Derecha haya logrado su mejor resultado desde su creación en 2015 con 6 diputados, aunque en febrero de 2024 acabó inmerso en una profunda crisis que condujo a su disolución. El espectro de la extrema derecha representa ya el 14% de los votos. En las elecciones europeas de junio de 2024, se mantuvo el giro a la socialdemocracia mientras la extrema derecha del Partido Popular Danés apenas logró conservar un escaño.

En el caso de Grecia, la derecha continúa escalando posiciones bajo nuevo nombre (*Público*, 25 junio 2023). El ascenso de Amanecer Dorado en 2012 con el 6,9% de los votos y de Laos con tan sólo el 1,6%, la nueva extrema derecha, ahora encabezada por Solución Griega, logró la primera vez que se presentó, en 2019, 12 diputados y 3,7% de votos. El inicio de 2023, tras la convocatoria de elecciones anticipadas, marcó no sólo el continuismo de la derecha en el Gobierno, con el triunfo de Nueva Democracia (ND) que retornó al poder en 2019, sino la mayoría absoluta con la composición más derechista que ha tenido el parlamento desde el fin de la dictadura y con la diversificación de la extrema derecha en tres partidos. ND obtuvo el 40,56% de los votos, Syriza quedó en un muy lejano segundo lugar con el 17,83%, perdiendo 24 escaños, así como las demás fuerzas de progresistas y de izquierda que vieron reducir su votación, como el PASOK y el Partido Comunista de Grecia. A la par, irrumpieron en la escena electoral tres grupos de extrema derecha. Solución Griega se mantuvo con 12 escaños aunque perdió 4 pero, en su conjunto, creció la ultraderecha al obtener Espartanos, partido heredero de Amanecer Dorado, 13 escaños, y NIKI, 10 escaños. En las elecciones europeas de 2024, se repite el triunfo de ND con 30% de los votos y la extrema derecha en alza, incluso NIKI obtuvo un escaño.

Entre los países nórdicos, destaca Finlandia donde la extrema derecha llegó a ser la tercera fuerza ya en 2011 y en 2023[20] el gobierno conservador que desplazó a los socialdemócratas se conformó en

20 | Dite, Chris (2024, 8 de junio). «Finlandia: la Alianza de la Izquierda ha derrotado a la extrema derecha», en *Viento Sur*. https://vientosur.info/finlandia-la-alianza-de-la-izquierda-ha-derrotado-a-la-extrema-derecha/

coalición con el Partido de los Finlandeses, de extrema derecha, situación que se ha repetido desde 2015. El Partido de los Finlandeses continuó sumando votos al constituirse en la segunda fuerza del parlamento en 2023, cuando alcanzó el 20,1% de los votos, casi los mismos que los conservadores agrupados en Coalición Nacional (KOK), que obtuvo el 20,82%, y superando el 17,48% que había logrado en 2015. En las elecciones municipales de 2021 la extrema derecha aumentó su presencia pasando de 12,3% en 2017 al 14,5% en 2021, aumentando en un 75% el número de concejales (770 en 2017 y 1.351 en 2021). En las elecciones presidenciales de enero de 2024, la tendencia del ascenso de KOK se mantuvo en una campaña en la que se posicionó abiertamente contra Rusia, logrando el 51,62% de los votos en una apretada elección que dejó en segundo lugar a La Liga Verde, con el 48,38% de los votos. Hay que destacar que el Partido de los Finlandeses fue la tercer fuerza más votada en la primera vuelta, demostrando que es un actor imprescindible para formar gobierno, con el 19% de los votos, a la altura de los dos grandes contendientes que obtuvieron el 27,2% (KOK) y el 25,8% (La Liga Verde). En las elecciones europeas[21] de 2024, aunque KOK se mantuvo como primera fueza con el 24,7% de los votos, la extrema derecha cayó estrepitosamente pasando del 13,8% en las anteriores elecciones al 7,6% , lo que la relegó a sexta fuerza mientras la alianza de izquierda se convirtió en segunda fuerza, con el 17,3% de los votos y 3 eurodiputados.

En Suecia, el poder de la derecha en ascenso puso en jaque la aprobación del presupuesto en 2014, haciendo alarde, junto con el partido de extrema derecha Demócratas de Suecia, de su capacidad de presión. Esa estrategia se ha reproducido a través de los años llevando a Suecia a una recurrente crisis de gobierno que se saldó en 2022 con la llegada al Ejecutivo de los conservadores del Partido Moderado (M), con el 19,1% de los votos, y el apoyo imprescindible que le concedió Demócratas de Suecia (SD), la extrema derecha, ya que habían obtenido el 20,5% de los votos y pasaron a ser la segunda fuerza en el Parlamento. Tanto los socialdemócratas como la extrema derecha habían sostenido una clara postura sobre la no intervención, sin embargo en esas elecciones ambos cambiaron su posición en favor del ingreso

---

21 | *ElDiario.es* (2024, 9 de junio). «Los conservadores de Finlandia ganan las elecciones europeas mientras la izquierda se refuerza y la extrema derecha cae». https://www.eldiario.es/internacional/ultima-hora-elecciones-europeas-directo_6_11433750_1108382.html

a la OTAN, una muestra más de la tendencia a la derechización del conjunto del espectro político. El auge de los discursos del odio fue cobrando fuerza creciente y en 2024 salió a la luz pública un escándalo en el que Demócratas de Suecia aparecía implicado en la gestión de granjas de *trolls* financiadas con dinero público aprovechando su posición de gobierno. Sin embargo, su dirigente, lejos de ofrecer una disculpa pública, revirtió la presión acusando violentamente a la izquierda de una operación en su contra. En las elecciones europeas de 2024, se replicó la tendencia, quedando el Partido Moderado en segundo lugar aunque el SD obtuvo el 13,17% de los votos y un cuarto lugar, por debajo del Partido Verde.

En Albania, que aún no es miembro formal de la UE, y Bulgaria[22] la derecha consiguió ya tener representación en el Congreso. La profunda crisis política en que se encuentra Bulgaria desde 2021 ha sido aprovechada por la derecha (GERB) y la extrema derecha, que consiguió representación parlamentaria ese año. En las seis elecciones legislativas que han tenido lugar desde 2021, Renacimiento, el partido de la extrema derecha, ha pasado a ser la tercera fuerza en 2024, con una campaña en la que combinó nacionalismo, homofobia y cese a la ayuda a Ucrania. En las elecciones europeas, la derecha obtuvo el primer lugar en número de votos con el 26,5%, aunque un 4% menos que la anterior elección, mientras Renacimiento fue el segundo partido más votado con el 15,6%.

En el caso de Bélgica, el ascenso de la extrema derecha viene dándose desde 2006 y con fuerza, ya no sólo a nivel regional porque en 2019 Vlaams Belang se hizo con el 12% de los votos a nivel nacional y el 18,5% en el parlamento flamenco. En las elecciones parlamentarias de 2024[23], que tuvieron lugar al mismo tiempo que las regionales y europeas, los ecologistas sufrieron un estrepitoso fracaso perdiendo la mitad de sus escaños, al igual que los socialdemócratas. La derecha de Nieuw Vlaamse Alliantie (N-VA) creció quedando en primer lugar con 24 escaños mientras la extrema derecha, Vlaams Belang (VB),

22 | *RTVE* (2024, 27 de octubre). «El partido de centroderecha del ex primer ministro Borisov gana las elecciones en Bulgaria». https://www.rtve.es/noticias/20241027/partido-centroderecha-gerb-del-ex-primer-ministro-borisov-gana-elecciones-bulgaria-septimas-tres-anos-medio/16305554.shtml

23 | *Euronews* (2024, 10 de junio). «La derechista Nueva Alianza Flamenca gana las elecciones del "superdomingo" belga». https://es.euronews.com/my-europe/2024/06/10/la-derechista-nueva-alianza-flamenca-gana-las-elecciones-del-superdomingo-belga

aumentó sus votos en un 39,8% en relación con la elección pasada y consiguiendo 20 escaños, lo que la posiciona como segunda fuerza en el parlamento, empatada con los liberales del Movimiento Reformador. En las elecciones regionales, la tendencia se mantiene y acerca a la derecha y extrema derecha en sus resultados; es el caso de Flandes, donde V-NA obtuvo el 24,5% y VB el 22,8%. En las elecciones europeas[24], la extrema derecha obtuvo el primer lugar con el 14,5% de los votos y el segundo fue para los conservadores de N-VA, con el 13,97% de los votos.

España es uno de los últimos países de la UE en los que la extrema derecha obtuvo representación institucional. Si bien la derecha del Partido Popular (PP) estuvo cuatro legislaturas en el poder y siempre contó con una corriente de extrema derecha, la conformación como tal en un partido propio tuvo un crecimiento meteórico. Vox es hoy la tercera fuerza política del país y en 2019, la primera vez que se presentó a unas elecciones generales, obtuvo el 15,2% de los votos. En 2023 se convocaron elecciones anticipadas ante los desastrosos resultados de la socialdemocracia en las elecciones autonómicas que, aunque conformó gobierno con la izquierda progresista y autonómica, enfrenta una representación parlamentaria con fuerza de la derecha. El Partido Popular obtuvo el 33% de los votos, siendo el partido más votado y habiendo captado nuevamente los votos de Ciudadanos, un partido de centro-derecha que no se presentó a la elección parlamentaria tras su catastrófico resultado en las autonómicas y municipales. Vox se mantiene como la tercera fuerza a pesar de haber perdido el 16% de sus votos. En general, hay un aumento del voto de Vox y dicha tendencia llegó a las elecciones generales de mayo de 2023, cuando la posibilidad de que el PSOE perdiera el gobierno en favor de una alianza PP-Vox pasó a ser real y movilizó la participación de la ciudadanía que, finalmente, dio un triunfo apretado para el PSOE, que tuvo que hacer coalición con una amplia gama de partidos. La complejidad de la situación y la conformación de una oposición de derecha polarizante y desestabilizadora hace impredecible el devenir de la actual legislatura.

En las elecciones regionales de 2023 y 2024[25], la ultraderecha consolida posiciones que había ido conquistando desde 2019 cuanto entra

---

24 | Parlamento Europeo (2024). Elecciones Europeas. https://results.elections.europa.eu/

25 | *El País*. Elecciones autonómicas 2023 y 2024. https://elpais.com/espana/elecciones/autonomicas/

en nueve Comunidades Autónomas. Vox se ha convertido en pieza imprescindible para formar gobiernos autonómicos, como en Castilla y León en 2022; en otros casos, Vox ha sido el "apoyo externo", como en Andalucía en 2022 y en Madrid. En 2023 forma gobierno con el PP en la Comunidad Valenciana, Aragón, Extremadura y Murcia. Vox logra entrar en Navarra en 2023 obteniendo 2 escaños, en Extremadura donde obtiene 5 escaños, tras haberse presentado en 2019 y no haber conseguido representación, y en Castilla-La Mancha. Aumenta su representación ese mismo año en Aragón, La Rioja, Cantabria, la Comunidad Valenciana, en Murcia —donde duplica sus escaños— y en Baleares —donde los triplica—. La única Comunidad donde pierde votos en 2023 es Madrid (pierde 3 escaños y el 7,31% de los votos). Aumenta también su representación en Asturias en 2024; se mantiene en Galicia con el 2,19% de los votos (2024), donde ya había conseguido representación en las elecciones autonómicas de 2020. En este escenario, el PSOE ha perdido sus comunidades históricas, como Extremadura y Andalucía; en otras, como Cantabría y La Rioja ha sido desplazado por el PP, aunque en estos casos Vox no sea parte del gobierno. Las únicas comunidades que mantiene el PSOE son Asturias, Castilla-La Mancha y Navarra. En las elecciones europeas de 2024[26], el PP queda como primera fuerza con el 34,21% de los votos y Vox como tercera, con el 9,63%, duplicando su representación en relación a las elecciones previas. A ellos se suma un nuevo miembro de la ultraderecha, el partido Se acabó la fiesta, que logra el 4,58% de los votos, con lo cual la derecha y ultraderecha se hace con la mitad del total de los votos de estas últimas elecciones.

Luxemburgo y Malta eran los únicos países de la UE donde la extrema derecha no había obtenido representación hasta 2023, situación que se modifica en el caso de Luxemburgo[27], donde la coalición liberal-socialdemócrata pierde la mayoría en las elecciones legislativas de 2023 y su lugar es tomado por una coalición de centro derecha inte-

---

26 | Parlamento Europeo (2024). Elecciones Europeas. https://results.elections.europa.eu/

27 | *Euronews* (2023, 9 de octubre). «Luxemburgo | La coalición tripartita en el poder pierde la mayoría tras elecciones parlamentarias». https://es.euronews.com/2023/10/09/luxemburgo-la-coalicion-tripartita-en-el-poder-pierde-la-mayoria-tras-elecciones-parlament
ElDiario.es (2024, 10 de junio). «Los conservadores ganan y los ultras consiguen un escaño en Luxemburgo». https://www.eldiario.es/internacional/ultima-hora-elecciones-europeas-directo_6_11433750_1108403.html

grada por el Partido Social Cristiano (CSV, PPE), que obtiene el 29,3% de los votos y que ya había sido primera fuerza en el país en 2018. El otro gran vencedor fue el Partido Alternativo de la Reforma Democrática, próximo a la extrema derecha, que logra conformar grupo parlamentario con 5 escaños y el 9,27% de los votos. En las elecciones europeas de 2024, igualmente ganaron los conservadores y la extrema derecha consiguió un escaño con el 11,8% de los votos. Malta[28] aún sigue conteniendo el acceso de la extrema derecha en el parlamento, en un esquema bipartidista (laboristas-conservadores) similar al que existía en otros países europeos unos años atrás.

En la actualidad, hay 147 eurodiputados del Parlamento Europeo adscritos a alguno de los grupos que tienen ideologías próximas a la extrema derecha (Identidad y democracia; Conservadores y reformistas europeos; y en el grupo de los no inscritos están Alianza por la Paz y la Libertad, Fidesz, Foro por la Democracia, Jobbik, Reconquista y RN), lo que representa el 20.8% del total (Parlamento Europeo, 2023). Si a este recuento incorporaráramos aquellas facciones dentro de los partidos catalogados como derecha, centro derecha y populistas que tienen posiciones próximas a los códigos racistas, homófobos y nacionalistas de la extrema derecha, la cifra aún sería mayor.

Es imperioso plantearse por qué y cómo ha sido posible llegar a esta situación que hubiera sido impensable hace dos décadas. Sin duda, la llamada crisis económica que se desata en el año 2000 y se agudiza en 2008, perpetuándose hasta la actualidad, ha conformado el caldo de cultivo idóneo para la divulgación de ideologías del odio, que pretenden además acabar con el conocico como Estado de Bienestar. Una "crisis económica" que, en realidad, es un profundo proceso de reestructuración del capitalismo que venía gestándose lentamente desde los setenta y que dio paso al patrón de acumulación neoliberal. Los discursos racistas, nacionalistas e islamófobos encuentran eco, como señala claramente De Ayala, «en poblaciones desorientadas, empobrecidas, asustadas por una crisis que no comprenden y cambios que no desean, en busca de soluciones mágicas, o deseando expresar su cólera contra un sistema que no les protege… Personas que han perdido su empleo o han visto sensiblemente rebajado su nivel de vida, son

---

28 | Groupe d'Etudes Géopolitics (2022, 26 de marzo). Elecciones parlamentarias en Malta, 26 de marzo de 2022. https://geopolitique.eu/en/articles/parliamentary-election-in-malta-26-march-2022/

susceptibles de ser atraídas por un discurso en el que los culpables siempre son otros, los emigrantes —presentados como delincuentes—, las minorías étnicas, los vecinos menos desarrollados, la clase política» (De Ayala, 2011, p.19).

La crisis del sistema de partidos de la democracia formal occidental quebró el bipartidismo y abrió espacios para nuevos actores pero, en un contexto marcado por el conservadurismo neoliberal, éstos serían ocupados por fuerzas que aparecen como producto del marketing político, *outsiders* como Beppe Grillo, pero también por organizaciones de derecha que explotan el resentimiento y el empobrecimiento de los sectores medios y medio-bajos. Como señala la politóloga Katrin Stainer, la ultraderecha tiene hoy «el monopolio del voto de protesta». Siempre con un discurso racista, antiimigrante, en buena medida islamófobo, rechazan el multiculturalismo, respaldan propuestas de seguridad de "mano dura" y defensa del "orden público" y son euroescépticos, si bien no cuestionan el capitalismo neoliberal en su esencia. Más allá de algunas consignas que apelan a la producción nacional, no ponen en cuestión la reproducción del capital en el marco neoliberal y sostienen abiertamente alianzas con agrupaciones neoliberales. Su supuesto populismo no es sino demagogia. En ninguno de los lugares en los que han accedido al poder, sea a nivel local o en cargos nacionales, han promovido políticas de distribución social o han puesto en cuestión la sangría del pago de la deuda o el costo de los diversos rescates de la banca y empresas privadas.

En la problematización de este escenario, es muy importante considerar tanto la extensión como la velocidad del proceso de derechización de cara a valorar su magnitud e intensidad, e igualmente preguntarnos: ¿Cómo ha sido posible esta normalización en una Europa que se presentaba como referente de la democracia y respeto a los derechos humanos? ¿Qué ha sucedido para que en menos de treinta años el discurso de la globalización que proclamaba la apertura de fronteras, el multiculturalismo y la paz a nivel mundial, en auge en los noventa, haya sido desplazado por las ideologías del odio a nivel institucional, que se refleja en la representación política y permea la cultura y la vida cotidiana? Es imperioso profundizar en las causas y adentrarnos más allá de la llamada crisis económica porque, como señala De Ayala, «[A]lgunos partidos extremistas ya estaban bien presentes en sus naciones respectivas antes de que la crisis financiera estallara, como el

FN en Francia, FPO en Austria, PVY en Holanda, VB en Belgica, DF en Dinamarca, todos al hilo de la reclamación identitaria, del recelo hacia los otros, de la defensa de una pretendida soberanía nacional que es, en realidad, xenobofia o puro egoísmo. Es interesante observar el avance de la extrema derecha en los países nórdicos... naciones que han sufrido la crisis menos que otras y donde la tasa de desempleo es relativamente baja, donde la solidaridad interna ha funcionado durante décadas, pero cuyas sociedades se agrietan ante una solidaridad externa que quizá no comprenden bien» (De Ayala, 2011, p.18).

3. Productores y reproductores del discurso del odio: los pobres como amenaza

El ascenso y conformación de una base de votantes es el reflejo de una creciente ciudadanía que mira el mundo y actúa en él desde los parámetros del conservadurismo más radical. ¿Cómo nos lo explicamos? Más aún en países que vivieron la experiencia del nazismo, del fascismo y del franquismo en sus historias hace no tanto tiempo; historias marcadas por silencios, sufrimientos y rupturas que permean las memorias familiares hasta hoy.

El discurso del odio no aparece espontáneamente, no es una acción impulsiva detrás del mundo de las redes como a veces plantean interpretaciones simplificadoras que atribuyen a éstas un potencial de poder espontaneísta que, en realidad, no tienen (Gómez Sánchez, 2021). La red es el medio para divulgar pero no es el lugar donde se produce el discurso. Surgen así varias preguntas ordenadoras del análisis: ¿Quiénes producen ese discurso? ¿Cómo se difunde? ¿Quiénes ejercen la violencia y para qué? ¿Sobre quiénes se ejerce esa violencia y por qué? Trataremos de hacer un análisis sobre el ejercicio de poder que hay en este entramado y sobre la importancia de la construcción del enemigo que subyace en las ideologías del odio.

Las prácticas sociales violentas y crueles que identificamos en la vida institucional y en la vida cotidiana, expresan la marcada diferenciación de roles. Unos son los violentadores, quienes ejercen esa violencia en distintas escalas y tienen distintos rostros: un miembro de la clase política, el vecino, el cuñado en la cena familiar, las diversas personas con las que nos relacionamos en nuestro día a día. Otros, los sujetos de la violencia, quiénes son identificados como amenaza a combatir y neutralizar, los violentados. Así, las expresiones de ese discurso son múltiples, desde la vida institucional y política hasta el ámbito de la vida cotidiana. Asistimos a una normalización de la violencia y de la crueldad que se plasma en el lenguaje y que es una de las manifestaciones de la difusión de esa ideología del odio que se incorpora al paisaje social y permea la cultura.

Hay múltiples ejemplos. Seleccionamos dos por su significación. El primero representa una posición institucional en boca de un miembro de la clase política. Se trata de una declaración de Rocío Monasterio, miembro del partido de ultraderecha Vox, en una entrevista en el año 2019, en un momento de múltiples oleadas migratorias. En ella se refiere a los grupos de jóvenes migrantes menores no acompañados como «manadas de "menas"», en una clara expresión violenta que lejos de representar un escándalo o incluso una sanción en tanto cargo político en el parlamento autonómico de Madrid —además era presidenta de su partido en la comunidad autónoma en ese momento— es percibida como agresividad justificada y a la que se ha ido acostumbrando a la población en las últimas décadas. Dice, «estos menas», un término en sí peyorativo y estigmatizante, «están causando en nuestros barrios un grave problema… Vox busca la protección del español de a pie que en sus barrios quiere seguridad y libertad». Apela a quién considera su interlocutor —el «ciudadano español de a pie»— y pone en evidencia los códigos recurrentes de la ultraderecha: la inseguridad pública y la percepción de inseguridad así como la garantía de libertad entendida siempre como libertad individual. Con las mujeres, la derecha ha mantenido un acercamiento manipulador en relación con el tema de la seguridad pública, mientras en otros ámbitos asume posturas confrontativas —el derecho al aborto o el reconocimiento de la diversidad sexual— y tradicionalistas —rol de cuidadoras, sostén de la familia—. Así, Monasterio dice: «[hay] mujeres que ya no se atreven a caminar solas por la noche por determinados barrios». Y concluye señalando que esos niños y adolescentes migrantes, «cuando cumplen 18 años. acaban en nuestros barrios sin ningún tipo de tutela, sin haber sido integrados y sin ninguna posibilidad de futuro» (Bocanegra, 2019). Y aquí ya está pergeñada la imagen de los jóvenes migrantes como amenaza real o como potencial amenaza a la integridad física y a la tranquilidad del vecindario. Una imagen anclada en el determinismo racista, carente de comprobación y producida desde el filtro ideológico de la (ultra)derecha que rompe con la empatía, con el campo social de condiciones que desencadena el fenómeno migratorio, con la carencia generalizada de recursos, y con su historicidad, lo que impide la comprensión del problema. La realidad es que estos jóvenes menores que migran solos no son sino adolescentes y niños indefensos en un medio social que les es ajeno y, muchas veces, reactivo frente a ellos. Pero, además, ese tipo de expresiones las oímos en boca de muchas personas que interiorizan ese discurso institucional: "han venido a chupar", "a este país ha venido mucha gente que hace turismo sanitario", "nos quitan el trabajo", etcétera. Todas estas son expresiones críticas sobre los migrantes en relación con el acceso a algunas ayudas sociales en un contexto de recortes permanentes durante los gobiernos neoliberales como consecuencia de sus políticas de "ajuste". Ayudas que, en realidad, reciben sólo algunas personas y siempre que cuenten con residencia legal y reúnan las condiciones establecidas en los programas sociales correspondientes; lo que no es fácil de cumplir (Reder, 2017).

Mostremos otro ejemplo representativo de cómo se instala y normaliza la narrativa del odio en la vida cotidiana y que forma parte del proceso de derechización en curso. En un periódico local, se publica un artículo sobre uno de los muchos campos de concentración que existieron en el país durante el franquismo. Aparece un dibujo en el que un prisionero, siendo prácticamente un niño, rememora su internamiento en el campo. Su nombre es Castor González y cedió la ilustración "Prisioneros en la sala capitular de San Marcos" a Carlos Hernández para que fuera portada de su libro *Los campos de concentración de Franco*. En este libro se incluye la historia del campo de San Marcos (León) del que sólo desde hace unos años, y a partir de un escándalo, se difunde ampliamente lo que ya era conocido por historiadores y activistas para la recuperación de la memoria histórica (Ileón, 11 junio 2021). En la sección de comentarios del periódico, un lector, en 2022, escribe el siguiente comentario: «si podía concentrarse para dibujar, tan mal no estaba». Queda claro que quien lo escribe pertenece a una generación alfabetizada digitalmente, lo que le coloca en una franja de edad mucho más joven que esas personas mayores a las que muchas veces se achacó el voto de derecha. Resulta sorprendente el desprecio y crueldad de la frase, más aún cuando uno se adentra en la historia y en las condiciones de vida en prisión en ese lugar donde, sobra decir, no había posibilidades para que el dibujo fuera hecho durante la estancia sino como recreación posterior. Castor González fue un preso político, torturado, con apenas 15 años.

¿Cómo es posible tal falta de empatía sobre un hecho tan violento cuando contamos con tantas fuentes de información en pleno siglo XXI? La realidad del campo se muestra en una declaración de otro sobreviviente de ese mismo campo de concentración, Pere Grañén, quien en sus memorias cuenta que cuando llegó al centro de reclusión percibió enseguida un «cambio» en comparación con otros campos en los que había estado. Describe salas abarrotadas de gente «con caras de muerte de un blanco tirando a ceniza... verdaderas piltrafas humanas esperando a morirse». Muchos ex-presos recuerdan un calabozo, conocido como La Carbonera, donde llegaron a estar encerradas más de 70 personas a la vez y donde se moría de asfixia. Josep Sala, otro superviviente, que era también apenas un muchacho cuando entró al campo, recuerda: «Había miedo a la muerte, piojos, miseria, el olor era hediondo, estuve con la misma ropa cuatro meses. No había espacio ni estando de pie. De noche, si te tumbabas de cara al norte, ya no podías darte la vuelta, te quedabas como sardina en lata hasta el día siguiente» (Rodríguez, 7 de diciembre de 2020). Según los archivos oficiales, llegó a haber 12.000 presos tan solo entre 1938 y 1939 en una ciudad que tenía entonces unos 30.000 habitantes, el 40% de la población (López de Uribe, 25 de marzo de 2018). Es decir, casi la mitad de población fue prisionera y quien emite esa frase de desprecio anula la memoria y el contexto; sólo prevalece el odio hacia ese "otro" que, después de muchas décadas, no le merece siquiera una mínima compasión. El hecho revela también el sustrato ideológico añejo de las experiencias no sanadas, esas herencias del fascismo que sobrevivieron en la cultura política y que son el caldo de cultivo en la que anclan los códigos de sentido y significado de las ideologías de la (ultra)derecha del presente. Al mismo tiempo, nos lleva a considerar la importancia de la recuperación de la memoria histórica para evitar la banalización de la crueldad y para contener los procesos de derechización en curso.

¿Cuál es el contenido del discurso del odio en nuestros días? ¿Cuáles son las amenazas en las que se sostiene? ¿A qué y a quiénes se teme hoy? La más evidente se refiere a los "extranjeros", los migrantes que los medios de comunicación muestran, una y otra vez, en imágenes masivas acompañadas de un discurso que siembra la amenaza y alimenta el posterior rechazo —"vienen en oleadas", "ya no cabemos más", "no hay suficiente trabajo para todos"—. Se (re)produce un discurso que vincula migración e inseguridad, apelando, como dice Casals en "La normalización de la ultraderecha" (2019), al «chovinismo de bienestar» de una supuesta distribución que les identifica como «amenaza externa». Como si no hubiera contexto, como si la crisis de reproducción del capitalismo y la destrucción de empleo en el capitalismo neoliberal no existieran, como si el saqueo sistemático en otros lugares del mundo no hubiera generado múltiples impactos, incluidos los ambientales, que explican esos éxodos masivos para huir de la violencia de amplio espectro (económica, social, armada). Si incorporáramos el contexto, entenderíamos que la ruptura de los mecanismos de distribución al interior de España, y Europa en general, entierran profundas raíces en los procesos de reestructuración del capitalismo a escala global desde inicios de los ochenta. Ante esta amenaza construida desde el poder dominante, dirá Adela Cortina, que no es la migración en general la que se percibe como amenaza sino la migración de personas empobrecidas: «no se odia al extranjero que se comprar un piso de medio millón sino al que no tiene recursos y cruza el estrecho para escapar de la guerra y poder sobrevivir» (25 de noviembre de 2019). Recordemos que una de las reformas que hace la UE para ampliar las condiciones de residencia y que el Estado español incorpora en su legislación es la de ser un inversor o adquirir una propiedad de más de medio millón de euros.

Por tanto, la base de esa ideología del odio tiene fundamentalmente un componente de clase: el rechazo y exclusión hacia los que han caído en la condición de pauperización, sean locales o migrantes. El miedo será un elemento central en la construcción de la amenaza y del (potencial)enemigo, y será usado como un mecanismo de control y gestión social (Nievas, 2010). Quienes ocupan posiciones de poder y no tienen carencias económicas temen a los excluidos por el potencial de respuesta que pueden desencadenar; es la renovada preocupación por la "nueva cuestión social" y el potencial desestabilizador que pueda contener y que, al igual que la "cuestión social" a fines del siglo XIX e inicios del XX, va acompañada de un imaginario de violencia, caos y amenaza (Carreras, 2017). Términos como la "muchedumbre" o la "turba" vuelven a estar presentes en el lenguaje actual asociados a la idea de "desestabilización". El multimillonario W. Buffet, miembro del grupo de millonarios que reclaman un aumento de impuestos a las grandes fortunas, señalaba «[H]ay una guerra de clases, de acuerdo, pero es la mía, la de los ricos, la que está haciendo la guerra y la estamos ganando» (Stein, 2006). Nick Hanauer explicaba claramente el motivo de la preocupación: «Si no hacemos algo para reparar las desigualdades flagrantes de esta economía, las turbas vendrán por nosotros» (Cohen, 25 de junio 2019).

Pero, igualmente, el miedo se extiende entre los que están en riesgo de exclusión o los que ya están en esa situación. La violencia no sólo se dirige hacia los de abajo sino que también se ejerce entre los de abajo, quienes a menudo actúan desde el resentimiento sin alcanzar a ver a los responsables reales de su situación de exclusión. En estos casos, hay un miedo terrible a la pauperización, a perder el trabajo, la vivienda, a no acceder a una pensión en el futuro, etcétera. El miedo será proporcional a la vulnerabilidad del sujeto y a la violencia de los procesos de exclusión derivados de las políticas de ajuste y destrucción del Estado social aplicados en las últimas décadas en el mundo europeo y, aún con más dureza, en los países del sur.

Todos tenemos en nuestra memoria imágenes y experiencias que hace veinte años eran impensables: una anciana buscando buscando comida en un contenedor de basura; el padre de familia pidiendo en la calle con un cartel que dice »soy español y tengo una niña, necesito el trabajo, no tenemos ni luz ni agua caliente. Ayuda por favor. Humanidad, te puede pasar a ti, te juro que es la verdad», o las filas de los comedores y "bancos de alimentos", un término también impensable hace algunos años, donde se les proporciona alimentos básicos para sobrevivir a quienes ni siquiera les alcanza para la compra del día a día (Diario de campo, 2019). La gente se siente presionada para poner el término "soy español", para remarcar la diferencia con el "otro" migrante; se apela a lo "nacional" versus lo "extranjero" para construir empatía y solidaridad. Son imágenes y relatos de la extrema vulnerabilidad y abandono en el que se sienten muchas personas que han vivido haciendo lo que se esperaba que hicieran —ser buenos ciudadanos, buenos trabajadores, buenos vecinos—, no obstante que el capitalismo de fines del siglo XX había dado un giro mortal para transformarse en la expresión más violenta que hayamos conocido desde inicios del siglo XX: el capitalismo de saqueo, como lo definirá Harvey (2005). Estas imágenes impactan a todos los espectadores del medio social. A unos les produce tal miedo que tratan de ignorarlo

—"si no miro y no veo, no existe"—; otros han sido capaces de sobreponerse a ese miedo y movilizarse apelando a demandas distribuidoras y de justicia social, como sucedió en el 15-M. A otros más, el miedo les convierte en la base social de la derechización en marcha, donde se refugian sectores de franjas medias y medias bajas, focalizando su resentimiento y frustración en las personas que están en su misma condición. Los papeles sociales serán interiorizados: odiados, odiadores, espectadores.

Así, el lenguaje de la vida cotidiana estará cargado de frases estereotipadas y códigos que reproducen la violencia del lenguaje institucional y de los grandes medios de comunicación —"han vivido por encima de sus posibilidades", "habría que cobrarles a todos y ya verías como no llegaban a las urgencias" (Diario de campo, 2019)—, en relación con el uso de las urgencias médicas en pleno recorte de presupuesto y personal. Las fuentes de estas expresiones están en el lenguaje de la derecha política contra los pauperizados que así practica la crueldad y demolición emocional sin contención. Recordemos las palabras de Andrea Fabra, diputada del PP en 2012 quien, a micrófono abierto en el Congreso, dijo mientras el presidente Mariano Rajoy anunciaba un nuevo recorte del gasto para las prestaciones de desempleo aquel «¡que se jodan!». El discurso es la expresión de un proceso de revictimización de quienes ya han sido violentados, degradados y cosificados a través de las políticas de exclusión puestas en marcha y legalizadas. El discurso encubre esa violencia que les ha dejado sin trabajo, sin ingreso, sin vivienda, sin capacidad para adquirir la canasta alimentaria básica, sin acceso a la educación; ese discurso no permite visibilizar a los responsables de esa violencia, quienes se enriquecieron sin igual, lo que se constata en el crecimiento generalizado de la desigualdad en la Unión Europea, donde los países del sur presentan los indicadores más altos de esa brecha. España llegó a ocupar el tercer lugar en desigualdad en la UE, sólo después de Rumanía y Bulgaria (Oxfam, 2018; Rodríguez-Rejas, 2019), a pesar de la reducción del índice de Gini que se puede constatar a partir de 2017 (INE, 2023).

Desde 1997 se ha mantenido la tendencia alcista de los beneficios empresariales —tuvieron una caída relativa entre 2008-2011 y en 2022 tuvieron un crecimiento del 57% en relación a 2020—, mientras, paralelamente, se ha deteriorado la capacidad adquisitiva del salario (Bayona, 2023). Ya para 2018, antes de la pandemia, la brecha de desigualdad no había dejado de crecer. El 1% más rico concentraba el 40% de la riqueza mientras el 50% más pobre sólo lograba el 7%. El resultado es que la lista de multimillonarios no ha dejado de crecer, como señala Forbes. Mientras la evasión fiscal de las grandes empresas y fortunas ascendía a 140.000 mde en 2018 —el 80% del total defraudado ese año—, el trabajo y las familias aportaban el 83% de los recursos públicos a través del pago de impuestos.

Se impone, como expresión ideológico-cultural del ciclo neoconservador-neoliberal, una cultural del no merecimiento de los excluidos que acaba convertida en opinión pública y que será el soporte de la legitimación de la violencia de la exclusión y su posterior victimización a través de la estigmatización social. Como señala Herbet Gans (1995), estamos ante una guerra contra los pobres: «Es una guerra librada con una variedad de armas como la retención de oportunidades de trabajo decentes, escuelas, vivienda y las necesidades requeridas... A veces es también una guerra asesina, pero más a menudo, la guerra mata el espíritu y la moral de la gente pobre, y aparte de eso se suma a las miserias que resultan de la carencia de dinero» (1995, p.1). Y agrega: «el odio contra los pobres podría extenderse a los miembros de [las clases afortunadas] en el futuro a medida que más empleos seguros y bien pagados desaparezcan... [más personas] no encuentren otros nuevos, un número cada vez mayor de trabajadores o sus hijos se deslice lenta pero seguramente en la pobreza» (p.1). ¿Cómo opera la lógica de esta guerra cultural contra los pobres en relación con la producción del consenso que busca normalizar la violencia? Primero se les violenta y excluye, después se les hace responsables individualmente de su situación, etiquetándolos como "fracasados", acusándoles de "abandonar", de que "no se esfuerzan" lo suficiente, adjetivándoles como "vagos".

Además, se les culpa de todos los males de la economía y de la inseguridad, no sólo del momento presente sino de todo lo que había antes y de todo lo que pueda suceder a futuro. De tal manera que no sólo se construye una imagen que les caracteriza como amenaza sino también como potencial amenaza, ante la que está justificado actuar en términos preventivos. Se construyen así múltiples etiquetas que se insertan en un discurso plagado de términos denigrantes que revictimizan a quienes ya fueron violentados social y económicamente por las políticas de ajuste y destrucción del Estado de bienestar, esas que les situaron fuera del reparto social. Ese lenguaje y su discurso se reproducen y amplifican a través de la propaganda, los medios de comunicación dominantes, las redes sociales, y la contrarreforma educativa puesta en práctica desde los ochenta; ese lenguaje y ese discurso formarán parte de los procesos de socialización en la sociedad neoliberal, convirtiéndose en parte de la cultura cotidiana.

Por si lo anterior fuera poco, se considera que las personas empobrecidas carecen de valores, que no son capaces de incorporarse adecuadamente al medio social, sean estos migrantes o no; que desperdician recursos y oportunidades. Se dice de ellos que, además de vagos, son borrachos, adictos, tienen hijos que abandonan la escuela; y, de esa manera, en la opinión pública, la persona excluida acaba siendo considerada incapaz, indigna, no merecedora de ningún tipo de ayuda social ("si no se cobra, la gente no valora", "se la quieren pasar pidiendo", "se han perdido los valores", "han vivido por encima de sus posibilidades") (Diario de campo, 2019). Así se construye un sentimiento de inutilidad social que está contenido en todas esas etiquetas, que modela las relaciones sociales y que permea el sentir de quien sufre la situación de pobreza y es sujeto-objeto de ese discurso del odio. Es decir, primero opera el mecanismo de la derrota y, después, el mecanismo de la crueldad ya que además se les exige que tengan fuerza emocional para salir adelante por sí mismos y que se "sobrepongan a sus circunstancias", que no se dejen arrasar, que sean "capaces de levantarse a sí mismos" y salir adelante, aunque, como señala Gans, esa acceso esté cancelado de antemano.

En ese sentido, el *coaching* y el emprendimiento acaban siendo considerados como la nueva ideología orientada a los pobres que mercantiliza el sufrimiento y la crueldad convirtiéndoles en un modelo de negocio en expansión (De la Mata, 2017). Es la ideología del "sí se puede" a cualquier precio, como nos dice Han (2012), que tiene como base una concepción individualista del mundo e imposibilita la construcción de campo social de condiciones que explica el problema; es decir, no problematiza el fenómeno y, al igual que la ideología del no merecimiento, resulta altamente funcional para reproducir y legitimar la exclusión, la violencia que da lugar a estos procesos, y la crueldad que aspira a la derrota psicológica del sujeto. Es decir, no hay contexto, ni responsabilidad de las políticas aplicadas ni de los sectores dominantes; no hay historicidad.

El empobrecimiento aparece casi como una "elección" el sujeto aislado y se explica desde su individualidad, al margen del capitalismo y sus transformaciones, sin campos de interés. En esa autoculpabilización, se cumple una gran función de distorsión y también de encubrimiento de las realidades que operan detrás de la desigualdad, el saqueo y la desposesión. De esta manera, se va legitimando la violencia de cara a la construcción del consenso contra quienes, se supone, no han "sabido elegir". El papel de medios de comunicación y redes sociales como instrumentos de reproducción de la violencia y la crueldad está claramente identificado (Han, 2014). Sin embargo, hay espacios y mecanismos menos evidentes en la cotidianeidad que operan como reproductores masivos a través de los procesos de socialización, desde la escuela, la familia, el grupo de amigos, los espacios de interacción en el barrio, etcétera, haciendo de cada sujeto un (potencial) reproductor de esa violencia y de la cultura del odio.

A medida que la presión es cada vez mayor y se profundizan las contradicciones en el capitalismo neoliberal, esas que hacen más complicado obtener un empleo, cubrir los gastos esenciales o tener una vivienda, van creciendo la percepción de amenaza y las prácticas sociales violentas en la sociedad en general y entre los más vulnerables en particular, a tal punto que esa normalización de la violencia se replica también entre las personas empobrecidas, como decíamos. Al respecto, precisa Gans, «[L]o hacen porque en parte comparten los mismos valores de éstas [se refiere a las clases que llama afortunadas] y a veces los sostienen con más fuerza. A menudo, estos valores para ellos significan un conjunto de aspiraciones que proporcionan esperanza... deben diferenciarse constantemente» (1995, p.149), demostrar que son confiables y responsables a diferencia de los "otros". Es el caldo de cultivo idóneo de los procesos de derechización actuales que se nutren de la desesperación y del miedo, encontrando una parte de su base social en franjas de esos sectores medios y bajos pauperizados y despolitizados. En este sentido, el engranaje sobre el que se sostiene el proceso de derechización y difusión del discurso del odio descansa en la transformación cultural operada en el capitalismo neoliberal (homogeneización cultural, desprestigio de la política y de la participación, individualismo y normalización de la violencia en sus distintas formas, social, económica, emocional, física).

Esa producción de la amenaza y del discurso del miedo y del odio que la acompaña, se expresa también como segregación socioterritorial; son esos espacios que no parecen adecuados, bonitos, ordenados, en donde viven aquellos etiquetados como desconfiables. El estigma espacial es una construcción social que incide igualmente en la percepción de los otros; nada tiene de espontáneo y conduce a un doble ejercicio de violencia. Se segrega a las personas y a los territorios que habitan. Es el caso de muchos barrios que, en no pocas ciudades españolas, eran los antiguos barrios obreros, con una carga histórica de estigmatización, en los que ahora se han asentado los migrantes y donde hoy conviven trabajadores pauperizados, migrantes o no. Sobre ambos han recaído buena parte de las políticas de ajuste y destrucción de la distribución. Las fronteras simbólicas van acompañadas de etiquetas que se insertan en el lenguaje cotidiano: "escuelas gueto", "barrios gueto". Así, la violencia y la crueldad que derivan en el discurso del odio acaban construyendo un cordón de seguridad invisible que violenta socioespacialmente y que se suma a la segregación y estigmatización de clase. Los antiguos barrios obreros pasan a ser «barrios de exilio económico», en términos de Wacquant (2007), a los que llegan los nuevos trabajadores migrantes. Serán los nuevos «depósitos de trabajadores pobres», en palabras de Torres (2013).

Este proceso de formación de las etiquetas no es espontáneo. Los etiquetadores, son productores de bienes simbólicos que bien crean o reinventan etiquetas ya existentes que se inscriben en los distintos espacios de poder, como habíamos señalado, desde los aparatos de Estado que generan la propaganda oficial, hasta agencias, *think tanks*, fundaciones, investigadores, científicos sociales y la academia conservadora en general. Como señala Gans explícitamente, los etiquetadores son profesionales, tratan de ser alarmistas para que la amenaza sea creíble y aprovechan las condiciones contextuales traumáticas (crisis, catástrofes, guerras) que hacen a la población receptiva; buscan persuadir con términos que simbolizan peligro —cuanto más ambiguo será más exitoso— y tienen acceso a los llamados "contadores", quienes suministran números que dan cuenta de que la población etiquetada es lo suficientemente grande como para generar alarma. Una vez producidas, las etiquetas se difunden a través de "legitimadores" que justifican reiteradamente su uso construyendo credibilidad; son los "expertos", investigadores, políticos, autores de *best-sellers*, presentadores o locutores de medios de comunicación ligados a los sectores dominantes, figuras conocidas en redes sociales como *youtu-*

bers e incluso *bots*, que replican por miles el mensaje hasta la saturación. En último término, esa difusión opera a través de cada sujeto —los "usuarios de etiquetas"— que, en el mundo de vida cotidiana, se convierten en voceros replicantes aún sin tener conciencia de su papel en el proceso, lo que es altamente efectivo. Los financiadores serán el soporte de los legitimadores, de manera que es imprescindible seguir siempre la pista del dinero; son los que pagan las conferencias, publicaciones, programas, investigaciones, espacios, *bots*. En realidad, los únicos que trabajan gratuitamente sin saberlo son los "usuarios" de a pie, el ciudadano común que desde la barra del bar, en su trabajo, en su familia, replica el discurso, adopta el lenguaje corporal y lleva al mundo de las relaciones/interacciones sociales esos contenidos. Asistimos a un proceso de fabricación del consentimiento (Chomsky y Herman, 1990) que aspira, por una parte, a ampliar la cantidad de "usuarios de etiquetas" y, por otra, a lograr el silencio cómplice del espectador que es visto como un potencial "usuario".

Esta visión hegemónica del mundo se convierte en el sentido común social que se reproduce a través de la socialización, «el odio de clase convertido en moral de la época» (Buen Abad, 2019). Por tanto, el discurso del odio de la (extrema) derecha promueve un sentimiento de rechazo hacia el "otro" victimizado al tiempo que busca legitimar el ejercicio de violencia desde la cosificación y supuesta inferioridad de aquel al que se agrede. Se nutre del resentimiento y la ira contenida que, al carecer de contextos de explicación, individualiza y personaliza en el "otro" la causa de su enojo experimentando una sensación de superioridad en el crueldad ejercida sobre las (potenciales) víctimas.

Asociado a la construcción de amenazas se va construyendo una cultura de la seguridad que será alimentada por la derecha y la extrema derecha. Dirá Delumeau (2018) que no hay violencia ni guerra sin un "otro" amenazante, haciendo referencia a la instrumentalización y gestión del miedo. La población atemorizada comenzará a ceder cada vez más espacios de autonomía y decisión a cambio de más medidas de seguridad (presencia policial, alarmas, seguros, cámaras, etcétera); lo que se convertirá, además, en un nicho de negocio que generará jugosas ganancias en este siglo. A menudo tendemos a pensar que la violencia y la ideología del odio son irracionales en sí mismas, actos de maldad, carentes de sentido. Sin embargo, una vez analizados el proceso de producción del discurso y los mecanismos para su reproducción, es necesario plantearnos ¿cuál es la lógica de esta ideología y de las prácticas que la acompañan? ¿Cuál es el sentido y funcionalidad de la ideología del odio?

4. Neoliberalismo como capitalismo de guerra: la prescindibilidad de la vida y banalización de la crueldad

¿Cuál es el contexto en el que suceden esos procesos de violencia que se expresan en el discurso del odio y en el ascenso electoral de la derecha? Identificamos como gran campo social de condiciones el patrón de acumulación neoliberal y su estructura de poder; es decir, la forma específica que asume el capitalismo en nuestros días y que es una de las expresiones más violentas de su ciclo histórico.

En primer lugar, es necesario aclarar que el neoliberalismo es mucho más que una política económica; es un proceso de reestructuración del capitalismo y esto conlleva la reorganización del trabajo y de las formas de generación de ganancia así como la apropiación de ésta con una lógica distinta a la que existía en el capitalismo industrial pero también, en tanto el capitalismo es una relación social, conlleva una reestructuración de la toma de decisiones, de la organización política, de las prácticas sociales y de la subjetividad. Es decir, una transformación de la mentalidad y la visión del mundo hegemónica de cara a sostener la reproducción de la dominación.

Para entender cuál es el caldo de cultivo que genera ese ascenso rápido de la (ultra)derecha, ese cambio profundo que capitaliza los enojos de los procesos de exclusión y vulnerabilidad que ha ido generando esta experiencia neoliberal, tenemos que precisar que estamos hablando de un capitalismo de despojo y saqueo que ha desatado niveles de violencia que no tienen comparación; despojo de los territorios pero también de los territorios-cuerpo, de quienes van siendo expulsados de la vida digna, del trabajo, de la vivienda, de la salud, de la educación, de las pensiones, de la alimentación. El proyecto nació siendo violento en su concepción; no es que se fue poniendo violento, en tanto el objetivo fue el relanzamiento de la concentración de la riqueza, centrado en la competencia individualista y en el mito del libre mercado, frente a la relativa distribución de lo que conocimos como "Estado de progreso" (Anderson, 1996). La estrategia se articuló sobre políticas de ajuste que significaron el recorte del gasto social, la privatización de los recursos estratégicos y de los servicios públicos (empresas estatales, banca, infraestructura de carreteras, puertos, aeropuertos, transporte, espacio aéreo, comunicaciones, salud, educación, etcétera) y la flexibilización laboral que conllevó la reorganización del mundo del trabajo destruyendo las estructuras colectivas de negociación, generando contratos por obra, hora, días, el autoempleo con pérdida de los derechos fundamentales y la reducción sistemática del salario. Como se planteó en sus inicios, la idea era concentrar recursos en manos privadas, argumentando que era la forma de activar el circuito de inversión y la generación de empleo para relanzar la economía, como si alguna vez esos hubieran sido los objetivos del sector empresarial y como si las cifras no constataran una y otra vez que la generación de empleo tiene lugar en los pequeños negocios y medianas empresas. Siempre estuvo centrado en transferencia de riqueza y poder, acceso a los espacios de decisión del Estado y, sobre todo, apropiación de la gran bolsa de riqueza que suponen los recursos públicos a la que contribuyen todos los trabajadores de a pie (Harvey, 2007). Lejos estuvo de ser una salida a la crisis como se pretendió justificar.

La fase más cruenta de las políticas de ajuste en España expulsó a miles del reparto y bienestar social, como señalamos antes, mientras la fortuna de los 23 millonarios del país crecía un 29%, siendo los grandes favorecidos de la llamada recuperación tras la crisis de 2008. Al mismo tiempo, la destrucción de los mecanismos de distribución social operados a lo largo del ciclo neoliberal tanto por la derecha en el poder como por la socialdemocracia, no se han recuperado (Ayala, 2022), ni siquiera, en esta última etapa, con el cambio de gobierno y la entrada de fuerzas de izquierda en la coalición, a pesar de que se incrementaron las políticas sociales. La presión de la política económica de la Unión Europea, el peso de la prioridad del pago de la deuda externa y el límite de déficit fiscal, con la reforma del Art. 135 constitucional, han garantizado la reproducción estructural de las políticas neoliberales. De este modo, por ejemplo, a pesar de la mejora en la política social de estos últimos años e incluso la mejora en la generación de empleo, la cobertura para desempleo sólo alcanza al 68% de quienes están en dicha situación, según datos oficiales (La Moncloa, 2023), lo que implica que hay un 30% que queda fuera aunque pueda acceder a otras ayudas compensatorias, que son focalizadas y que no tienen como objetivo la reincorporación al mundo laboral. Los impactos en el caso de las y los niños y jóvenes son dramáticas y tal parece que llegaron para quedarse, así un 33% de los niños y jóvenes están en condición de pobreza; y la mitad de los jóvenes piensan, ya desde 2014 y lo refrendan en 2021, que tendran que migrar porque no ven horizonte en el país (El País, 2014; Europa Press, 2021).

A la concentración de la riqueza y a la destrucción de las políticas de distribución, hay que agregar otros mecanismos de despojo del capitalismo neoliberal. La otra cara de lo que normalmente no vemos revela que el 83% de los recursos públicos se obtiene de los impuestos de los trabajadores mientras que los principales defraudadores, el 80%, son las grandes empresas, aunque sólo el 20% de la plantilla de la Agencia Tributaria está destina a revisar la evasión en este grupo mientras el resto se concentra en trabajadores autónomos y pequeñas empresas que cubren mayoritariamente con sus obligaciones fiscales (el 80%). En el caso de las empresas del sector financiero, sólo el 55% cumple con el pago de impuestos (Gestha, 2021). Es decir, cuanto más altas las rentas, mayor es el fraude; así, sólo el 23% de las grandes fortunas (el 0.1% más rico) paga lo que debe en impuestos y otro 40% coloca su dinero en paraísos fiscales, lo que se conoce como elusión, es decir aprovechan los mecanismos administrativos y legales para pagar menos impuestos. En 2022 el fraude fiscal ascendió a 91.600 mde, lo que significa, de acuerdo a Bollaín "que cada persona que no defrauda paga 2.000 euros al año para tapar el agujero que provocan los defraudadores" (2022). Sin duda, esto profundiza la exclusión y la desigualdad y, como señala Oxfam en su informe *Las desigualdades matan* (2022), los más afectados por estas prácticas son las personas empobrecidas. A ello hay que agregar el saqueo de la corrupción. El proyecto 'Casos aislados' documentó los fraudes cometidos en el país desde 2010 en adelante, dando cuenta de los montos, implicados, imputados y condenados. Un total de 587 casos y 125.000 millones de euros (Casos aislados), mientras se decía que había que recortar gasto social porque no había recursos. La magnitud del saqueo ha sido brutal. Es asedio y doblegamiento psicosocial.

Ésta es una parte de la realidad habitualmente invisibilizada por el discurso dominante; es lo que no tienen presente muchos de los reproductores del discurso del odio que sienten el enojo y la frustración, pero no alcanzan a contextualizar cuáles son las fuentes de la producción de la vulnerabilidad que les afecta y de la situación de abandono en la que se sienten. En definitiva, que no son capaces de recrear el campo social de condiciones —en el sentido en que lo plantea Bourdieu— de la violencia de amplio espectro institucionalizada por las políticas neoliberales. Ese es el gran caldo de cultivo para las ideologías de extrema derecha que se va generando a través de este proceso de inmersión abrupta en los mecanimos y prácticas sociales de la violencia neoliberal, que afecta cada vez a más gente, de forma cotidiana, y que nos lleva a normalizar y convertir en parte del paisaje lo que antes nos generaba un profundo dolor: la persona que pide en la calle, los ancianos que buscan en la basura, etcétera.

En la normalización del sufrimiento y en el desasosiego social fraguan las ideologías del odio. Es decir, la violencia de amplio espectro neoliberal genera el campo necesario, estructural y subjetivo, para producir y reproducir la violencia ideológica administrada por las organizaciones de la (ultra) derecha. La funcionalidad del discurso del odio radica en que concentra la miradas en los excluidos y pauperizados como amenaza, mientras saca del foco a quienes en realidad saquean y victimizan; o presenta los casos como una muestra de impunidad y agresión a la ciudadanía cuya frustración y enojo refuerza el descrédito de la clase política y capitaliza la desconfianza en los partidos políticos tradicionales, impulsando liderazgos y organizaciones nuevas que aparentemente tienen un discurso antipolítico pero desde el que hacen política de derecha. Es el caso de muchos de los partidos que, como vimos anteriormente, acabaron adquiriendo representación y conformándose como una pieza fundamental en la arena política en Europa, como es el caso de Vox en España.

En este sentido, podemos constatar que lo que hoy se denomina neofascismo, poco tiene que ver con el fascismo en un sentido tradicional. Como plantean Júlia Martí y Flora Paternio, aunque el neofascismo incorpora en su discurso los referentes conservadores de la patria, la nación, etcétera, en ningún momento está apelando a las viejas formas del capitalismo productivo de carácter nacionalista, incluso con una cierta distribución: «Hay una falsa contradicción entre un capitalismo autoritario, nacionalista, conservador y un capitalismo global que apuesta por la recuperación en clave azul, verde y morada» (2022, s/p). El neofascismo más bien, responde a la esencia del neoconservadurismo, combinando mecanismos de control emocional con las formas más sádicas del neoliberalismo económico. Apelan en el discurso a "la patria", "lo nuestro", "lo propio", frente a los "otros" amenazantes, simples etiquetas simplificadoras y demagógicas cuyo objetivo es la manipulación, mientras el entramado económico está centrado en el respaldo a los intereses de gran capital productivo y financiero, así como en el recorte de gasto social.

En este sentido, consideramos que el capitalismo neoliberal es capitalismo de guerra, en tanto se sostiene en una lógica interna de saqueo (de los territorios y de los cuerpos) y de violencia de amplio espectro (económica, social, política, psicológica, cultural, militar) que tiene como objetivo la concentración de riqueza y de poder, lo que profundiza la desigualdad social, condenando a miles de personas a la exclusión e incluso a la muerte. Como señala Therborn, la desigualdad mata: «Es un campo de exterminio en el que sucumben millones de personas... toma muchas formas y surte muchos efectos: muerte prematura, mala salud, sujeción, discriminación, exclusión del conocimiento o de la vida social predominante, pobreza, impotencia, estrés, inseguridad, angustia, falta de orgullo propio y de confianza en uno mismo, sustracción de oportunidades y de chances vitales» (2015, p.9). Desde las primeras reuniones de Mont Pellerin, en 1947, fue concebido como un proyecto de despojo con el objetivo explícito de concentrar riqueza y poder, un proyecto liberal en lo económico y conservador en lo político (Anderson, 1996). Responde a una lógica de muerte (Mbembe, 2011) en la que se asume, de partida, la prescindibilidad de la vida, en particular la de los sectores más vulnerables, y en la que el saqueo y asedio se han ido legalizado a través de sucesivas reformas (laboral, de salud, pensiones, educativa, etcétera). En este sentido, Gans plantea: «La presión relativa a la pobreza es en ciertos aspectos como un combate de guerra, en el cual casi nadie sobrevive después de los efectos. Cuáles son esos efectos depende de la naturaleza de la pobreza y de la evasiva cualidad humana llamada popularmente fuerza emocional... Al igual que en un combate, la mayor parte de los pobres van hacia la extrema pobreza sólo con sus recuerdos amargos, o dolores personales y demonios privados. Algunos, sin embargo, salen de la experiencia con niveles de desesperanza, ira o depresión que dan lugar a conductas públicamente visibles» (1995, p.5). Los impactos son mayores en los países periféricos, como sucede en España y los demás países del sur de Europa. Es violencia sin contención, operada desde una práctica sistémica y sistemática que se ejerce desde la institucionalidad del Estado y que permea la vida cotidiana. En este sentido, el neoliberalismo ha sido una gran fiesta de la crueldad y de la violencia convertida en política de Estado.

Las tramas de esta violencia (Blair, 2009), revelan una lógica de asedio y derribo contra la población trabajadora y, en particular, contra los más empobrecidos, que hace posible el proceso de concentración en gran escala del que se benefician las élites internas y transnacionales. El neoliberalismo, como orden social dominante, es violencia desbordada, sin contrapesos ni contención a medida que elimina las mediaciones sociales y transforma la cultura modelando una nueva subjetividad neoliberal.

Los impactos socioeconómicos y psicosociales del capitalismo neoliberal, producto de la violencia de espectro completo, rebasan las categorías de violencia estructural (Galtung, 1998) o de la lucha de clases tal cual se concibió tradicionalmente. De ahí que recurramos al término "capitalismo de guerra" para precisar la naturaleza y características de este capitalismo; es decir, su especificidad. La "guerra", en sí, es un exceso de violencia y poder, con intencionalidad y proyecto, donde una parte de la población es vista como (potencial) enemigo y donde la crueldad pasa a ser una práctica institucionalizada. Desde las nuevas concepciones de la guerra que se plantean ya a fines de los ochenta del siglo XX (Creveld, 1991; Lind, 2004 y Kilcullen, 2006) éstas, a diferencia de las guerras convencionales que se circunscriben al ámbito militar y a la violencia armada, no requieren de actores armados, ni declaratorias formales y los actores involucrados no tienen por qué ser actores estatales. En el marco de las nuevas formas de la guerra, el cuerpo-mente se convierte en un objetivo a combatir, pero sobre todo a doblegar; son guerras culturales en las que el disciplinamiento del cuerpo va acompañado del doblegamiento de la mente y del espíritu —como veremos en el siguiente apartado—. Como plantea Deleuze, hemos pasado de la sociedad disciplinaria a la sociedad de control, en la que impera la lógica empresarial que penetra no sólo el mundo del trabajo sino la vida cotidiana, operando a través del endeudamiento, el consumo mediático y los psicofármacos. Es la sociedad del cansancio y del "sí se puede" a cualquier precio (Han, 2012).

En este sentido, el neoliberalismo, entendido como capitalismo de guerra, implica: a) un proceso de concentración de la riqueza a escala planetaria y nacional sin parangón que, necesariamente, requirió para su conformación del despojo de las arcas públicas, de los territorios y del despojo del territorio-cuerpo (prescindibilidad de la vida); b) la legalización del despojo y la crueldad en nombre de la seguridad y el crecimiento; c) genera importantes costos humanos, en términos de sus impactos socioeconómicos y psicosociales; d) usa la violencia de amplio espectro sin contención (económica, social, política, psicológica, cultural, de los cuerpos de seguridad) así como la crueldad; e) va conformando una cultura de guerra que permea la vida cotidiana en la que se normalizan la violencia y el sufrimiento; f) gestiona el miedo y lo usa como mecanismo de doblegamiento h) la polarización social deriva en una guerra de clase que focaliza en los pobres la condición de (potencial) enemigo, sostenida en la ideología del no merecimiento de los pobres.

A la destrucción del Estado social, como primer objetivo del capitalismo neoliberal, siguió la conformación de un Estado de seguridad, como veremos a continuación. Esa destrucción de las instituciones estatales de distribución corresponde también a una situación de guerra de cuarta generación, en la que, nos dirá Lind, el caos se hace presente y la reconstrucción institucional será difícil, como ya lo estamos constatando.

5. La disputa por la modelación de la subjetividad y el Estado de seguridad. Apuntes sobre guerra neocortical

Es necesario adentrarnos en las transformaciones del Estado y en el papel de las instituciones para apuntar varias precisiones sobre cómo se construye y como se difunde la percepción de amenaza, y del "otro" como amenaza. Si entendemos, como señala Marx, que el capitalismo es una relación social, es decir económica, política e ideológico-cultural articulada, entenderemos también que al capitalismo neoliberal le acompaña una reestructuración institucional y una refundación de la subjetividad.

El gran éxito del neoliberalismo ha tenido lugar en el plano sociocultural e ideológico. La disputa es por una visión del mundo y un sentido de vida que trata de imponerse no sólo como el mejor sino como el único posible (Ramos, 2003). Para ello, es necesario entender cómo operan los procesos de socialización e interiorización de la realidad social, un elemento muy básico pero muy importante de las ciencias sociales en relación con la conformación del sujeto social. A través de la socialización, aprehendemos los códigos de interpretación y representación de la sociedad en la que vivimos; las normas y valores sociales dominantes que representamos en los diversos papeles sociales. Desde la socialización primaria interiorizamos esa visión del mundo dominante que modela el sentido común de una época, como si fuera la propia, y actuamos en el mundo de acuerdo a ella; después, el proceso continúa a lo largo de la vida, en la socialización secundaria, en el trabajo, el espacio público, las redes sociales, etcétera. En esa vinculación entre internalización y externalización descansa la reproducción del orden social (Berger y Luckmann, 2001), no obstante que haya fisuras y ésta no sea total, lo que da lugar a otras visiones y proyectos que hacen posible el cambio.

Se normaliza y legitima la violencia de la desigualdad al mismo tiempo que se socializa los valores dominantes de la sociedad neoliberal: unos, orientados a la concentración y exclusión —como la competencia, el consumismo, la meritocracia, el individualismo, etcétera—; otros, orientados al control social —como la incertidumbre, la vulnerabilidad, el miedo y la inseguridad en una sociedad en la que somos sobreexpuestos a múltiples experiencias violentas—. Vivimos con miedo a perder el trabajo, la vivienda, a no acceder a una pensión, etcétera, y el futuro se vincula con niveles de incertidumbre que rebasan la capacidad de resistencia del ser humano (Bauman, 2010). La sensación de vulnerabilidad se convierte en miedo (Beck, 1998) y éste es uno de los mecanismos más eficientes de regulación social. Al mismo tiempo, nos socializan en aspiraciones de ascenso social que se convierten en deseos irrealizables en una sociedad donde la movilidad social quedó interrumpida con la destrucción de las políticas de distribución y sus estructuras de mediación. La centralidad del individualismo en esta sociedad, además de aislar al sujeto y romper el tejido social, sostiene la ideología del "sí se puede" a cualquier precio y de la libertad "para sí mismo", generando un sobre-esfuerzo que llega a poner en riesgo la salud física y mental de la persona en la llamada sociedad de la neurosis (Moreno y Casani, 2011; Guinsberg, 2002).

La frustración permanente de las aspiraciones en la sociedad neoliberal genera un ciclo de deseo-frustración-derrota que lleva a una situación de sufrimiento social para gran parte de la población, disparándose padecimientos como la depresión o la ansiedad. Asistimos a la medicalización del sufrimiento mientras se mantienen intactas las causas socioeconómicas y políticas (Rodríguez-Rejas, 2019); así, en 2022 «se vendieron en España 111 millones de envases de ansiolíticos y antidepresivos. Son un 30% más que hace una década, 25 millones más de cajas de medicamentos... nuestro país ocupa la segunda posición, a nivel mundial, en el consumo lícito de estos medicamentos. Sólo nos supera Bosnia-Herzegovina, aunque si nos detenemos en uno de los principios activos, el diazepam, España es líder mundial de consumo, con un incremento además entre 2020 y 2021 del 110% en ventas" (Gómez, 2023).

En el proceso de socialización en la subjetividad neoliberal, habrá que agregar la impunidad ante la corrupción y la injusticia, lo que genera sentimientos de frustración e impotencia. Asistimos así a la conformación de un sujeto roto, que se debate entre el doblegamiento, la frustración y el enojo, sin herramientas para problematizar y contextualizar socialmente esas emociones. El neoliberalismo conforma una cultura de la derrota como estrategia de dominación y control, que lleva a algunos, los menos pero que cada vez van siendo más, a encontrar un espacio de escucha y atención en la derecha y extrema derecha, que aunque a veces parecen entrar en colisión, todo el tiempo se nutren y refuerzan. Éste es el gran triunfo de la sociedad neoliberal.

Al mismo tiempo, a lo largo de este proceso de socialización, se van interiorizando los códigos de la cultura securitaria (la disposición a tener alarma, la demanda de más policía, la colocación de rejas y alambradas) donde encontrarán un campo frutífero los más recientes códigos del odio. En general, se trata de aceptar y delegar en las instituciones de seguridad del Estado[29] espacios de autonomía y decisión que eran propios del ciudadano al mismo tiempo que se presta oídos a quienes buscan canalizar la vulnerabilidad, el temor y el enojo.

La nueva estatalidad neoliberal será productora y reproductora de esa lógica securitaria neoconservadora, que es mucho más que discurso. El Estado de seguridad neoliberal usará los aparatos de

---

29 | Recuperamos la concepción del Estado como bloque de poder en relación a los actores que toman las decisiones de fondo, en el sentido que lo plantea Poulantzas (1973) y su diferencia con el gobierno y el Ejecutivo. Éstos son actores identificables, como las grandes financieras (Santander, BBVA, etcétera), transnacionales como Black Rock, Telefónica Móvil, grandes medios de comunicación, etcétera.

propaganda con eficiencia en el proceso de demolición y reconstrucción de la subjetividad. La primera consigna fue la destrucción del Estado social previo, sus mecanismos de distribución y mediación mientras se mantenían y fortalecían los aparatos de seguridad y represión. La concepción autoritaria y violenta del Estado tuvo como respuesta la criminalización y represión de la protesta y del conflicto en general. Es decir, no es que el neoliberalismo se fue poniendo violento, sino que nació siendo violento y construyó una estructura de poder político que legalizó y trató de legitimar los mecanismos de represión y control social frente a quienes eran considerados como "amenaza". Asistimos a la militarización de las fronteras, pero también de la seguridad pública; la policía pasó a tener presencia creciente en el espacio público y, en particular, en ciertos espacios y barriadas segregadas, etiquetadas como territorios (potencialmente) conflictivos. La propaganda y los medios de comunicación dominantes hicieron el resto, reforzando la percepción de inseguridad entre la poblacion y, con ello, la demanda de uso de la fuerza. En consonancia, no dejó de crecer el presupuesto destinado a los cuerpos de seguridad mientras se recortó en ámbitos como salud, educación, desempleo, etcétera. El Estado de seguridad fue la forma específica que adoptó el Estado neoliberal, sostenedor del capitalismo de guerra; ha sido siempre un Estado fuerte, lejos del Estado débil que predicó la ideología neoliberal, cuya prioridad fue orden y seguridad mientras se invisibilizaba la inseguridad social y económica. Produjo una narrativa criminalizadora de la disidencia y estigmatizadora de lo público, asociándolo con ineficiencia, derroche, irresponsabilidad, atraso, y construyó una cultura de guerra en relación con el excluido, el "otro" empobrecido; una cultura que normaliza la violencia y que penetra las prácticas sociales de la vida cotidiana.

La reestructuración legislativa (reforma del sistema penal, antiterrorista, el endurecimiento de penas) e institucional operada para erigir este Estado de seguridad respondió a la concepción de nuevas amenazas del siglo XXI que ya venían perfilándose en el pensamiento neoconservador desde la década de los ochenta. Éstas no se restringen al campo de las amenazas militares; además de terrorismo y narcotráfico como grandes amenazas, incorporan catástrofes —como la pandemia del Covid 19— que autorizan la declaratoria de estados de excepción, desestabilizaciones políticas, inestabilidades económicas y financieras, migración, cambio climático, asociado a desplazamientos y procesos migratorios, y las amenazas en relación con infraestructuras críticas. En la Estrategia de Seguridad Nacional (BOE, 2021) se hace referencia explícita a la desestabilización, subversión y polarización social y política; mismas que aparecen también en la estrategia europea de seguridad (Comisión Europea, 2020). Hay una concepción de seguridad del Estado que parte de mecanismos de control social en niveles y escalas no imaginadas años atrás, de los cuales, la decisión de apagar la señal de *RT News* en el espacio Schengen es un ejemplo; el equivalente a nivel nacional es la llamada Ley Mordaza, que ha sido reformada pero no desmantelada. En el mismo sentido se encuentran las restricciones a la movilidad en Europa cada vez que tienen lugar las reuniones de Davos, de la OTAN o del Club Bilderberg. En ese marco también se explica la represión y violación de derechos humanos a los migrantes, como fue el caso de la valla de Melilla en junio de 2022; acciones que se justifican desde el discurso oficial y que permanecen impunes.

El Estado de seguridad se organiza en torno a una matriz de seguridad interna, en consonancia con el objetivo de control social con aceptación y con las nuevas concepciones del enemigo —interno y difuso, puede ser cualquiera, estar en cualquier parte y que tiene un perfil aparentemente despolitizado a diferencia del enemigo en la Guerra Fría—, asociadas a las amenazas mencionadas. Esa lógica permea el ámbito cultural y se objetiva en expresiones como las usadas públicamente por la extrema derecha; es el caso de las declaraciones de Rocío Monasterio con las que iniciamos este trabajo.

La estrategia de seguridad será guerra de cuarta generación, cuya prioridad es la guerra cultural en función de la naturaleza fundamental del conflicto que se identifica para los escenarios del siglo XXI de acuerdo con las nuevas concepciones de la guerra (Lind, 2004; Creveld, 1991; Kilcullen, 2006). El objetivo será actuar sobre el sujeto, es la nueva disputa por las "mentes y los corazones", ya que el frente definitorio es ideológico-cultural y su objetivo el control social; se trata de aislar al enemigo, cortando los apoyos de la población civil. El objetivo último no es el exterminio de ese enemigo sino su doblegamiento. De ahí que la disputa por el sujeto sea esencial y que se recurra al amplio abanico de herramientas que proporciona la guerra de dominio completo, basada en la multidimensionalidad del conflicto y su carácter permanente, pero, sobre todo, preventivo. En esta estrategia, el uso del miedo y la percepción de inseguridad se alimentarán masivamente a través de la propaganda. De esta manera, asistimos a un fortalecimiento de las demandas de mayor seguridad a nivel institucional que resuenan en la vida cotidiana, una seguridad que responde a los intereses del capital pero que se percibe como una necesidad propia y prioritaria, y que conduce a la renuncia de derechos fundamentales por parte de la ciudadanía.

En esta guerra cultural, la guerra psicológica es superada para saltar al campo cognitivo e incidir en los procesos de toma de decisiones que condicionan la acción. Es guerra neocortical, cuya base inicial fue el Ciclo de Boyd, que durante la guerra de Corea sirvió para trabajar la toma de decisiones efectivas en condiciones de alta presión y en el menor tiempo actuando sobre la conciencia situacional. Es conocido por las siglas OODA (Loop: Observación, Orientación, Decisión, Acción). Varios son los procesos que conducen a la toma de decisiones partiendo de la observación, en la que inciden los estímulos e información que recibimos del exterior, las circunstancias y la relación con el medio. Lo que recibimos es filtrado por nuestra idiosincrasia cultural y experiencias previas, lo que incide en nuestra percepción de la realidad; esto incluye procesos del inconsciente. A partir de ello, nos hacemos una idea sobre la realidad creando modelos de interpretación ante los desafíos que se nos presentan y tomamos decisiones. Esas hipótesis interpretativas que, al mismo tiempo condicionan la toma de decisiones e inciden en las acciones que ejecutamos, siguen retroalimentando la recepción de información. Finalmente, ejecutamos las decisiones tomadas a través de la acción que, a su vez, en interacción con el ambiente, repercute también en la observación, recepción e interpretación de nueva información, conformando un circuito. Éste sería básicamente el funcionamiento del neocórtex, de manera que la obtención veraz y en tiempo real de fuentes de información y demás insumos de la realidad es crucial de cara a orientar la interpretación y la toma de decisiones; cuanto mejores sean los niveles de información y de retroalimentación, más eficiente será esa toma de decisiones y podrá realizarse en menor tiempo, garantizando el éxito de la acción. Pero lo contrario también es altamente eficiente frente al enemigo: si la información que recibe y la retroalimentación es inadecuada, sus interpretaciones y toma de decisiones le conducirán al fracaso en función de sus objetivos. Esta será la base de guerra neocortical, actualizada en los ochenta y noventa con las nuevas versiones de guerra psicológica por Szafranski (1997), que está centrada en la disputa por el neocórtex y el control de la conciencia situacional. Se trata de que el oponente carezca de información adecuada, que tenga escaso acceso a ella o que ésta no sea veraz, confundiéndole, bien a través del uso de la mentira, de la saturación de información, no pudiendo discriminar lo que es cierto de lo que no lo es, o simplemente perdiéndose entre información irrelevante que no facilita la comprensión del problema. A partir de estos insumos, el sujeto elaborará interpretaciones que no corresponden con la situación real y que conducirán a decisiones inadecuadas en las que, además, habrá tenido que emplear mucho más tiempo, de manera que sea derrotado en la contienda, como se plantea en la estrategia de dominio rápido, conmoción y asombro (Ullman y Wave, año). La manipulación mediática, como bien explica Chomsky (2010), cumplirá un papel central. Es decir, se trata de generar condiciones para que el sujeto tenga un alto nivel de confusión, desconcierto, incertidumbre y caos que le lleven incluso al colapso mental, lo que logra no sólo que se tomen decisiones erróneas sino que neutraliza las base de apoyo entre la población. Además, dirá Szafranski, no se trata solamente de disputar el campo de la información como campo de ideas sino de disputar también el «campo de las emociones, de la percepción y de la imaginación» (1997). No se trata de que el sujeto de a pie no decida, sino de que decida y actúe en contra de sus propios intereses y a favor de los intereses de su oponente. Es contrainsurgencia actualizada

Esta gran batalla ideológica, que está en las concepciones de seguridad mundial, de la OTAN y también de la Unión Europea, con lo que eso implica para el caso español, encaja y se nutre de la cultura dominante neoliberal. Comparten la misma base, tejen el mismo mundo, los mismos referentes y están centradas en la disputa ideológico-cultural por el sujeto: desde dónde piensa, siente e interpreta el ciudadano de a pie. En estos procesos, al ciudadano le resulta cada vez más difícil acceder a información precisa en tiempo real para conformar interpretaciones precisas de cara a tomar las decisiones más adecuadas a sus intereses. Es más difícil acceder a la información sobre el monto global de corrupción, como señalábamos, que entrar en contacto con aquella otra que vincula al migrante o al joven desempleado con una potencial amenaza. La cultura dominante se ha convertido en una cultura securitaria, impregnada de las concepciones de seguridad, de su lógica y lenguaje, que se valdrá de múltiples aparatos para reproducir y socializar a la población en estas concepciones y prácticas neonconservadoras. En este campo de condiciones, la extrema derecha es la expresión más explícita y disonante de un largo proceso a través del cual se profundiza la estrategia de control social con aceptación y se normaliza la crueldad. En este sentido, la extrema derecha es el producto de las contradicciones de este capitalismo de rapiña.

Así, la violencia de ese capitalismo de guerra es el caldo de cultivo en el que crecen las ideologías del odio protofascistas que vemos crecer en las contiendas electorales. La estrategia de derechización del espectro político parece cumplirse; su entrada a los cargos de representación ha impulsado a todos los demás grupos, liberales e incluso socialdemócratas, hacia posturas cada vez más conservadoras para disputarles el voto y a la radicalización de la derecha tradicional. Así, no importa que en la siguiente contienda electoral la ultraderecha pierda posiciones; el cambio político de fondo es que han logrado la derechización de todo el espectro político. En ese desplazamiento, se revela la eficiencia de la guerra ideológico-cultural.

Es decir, la derechización de la sociedad es parte del propio desarrollo de este capitalismo neoliberal que, además, ancla y se nutre de las rémoras conservadoras del pasado reactualizadas en un contexto de crisis y de incertidumbre; esa herencia de la derecha fascista y nazi europea que ha sobrevivido camuflada en la cultura colectiva y en la vida cotidiana desde los países nórdicos hasta los del sur. Igualmente, la propaganda y difusión del anticomunismo tras la Segunda Guerra Mundial también alimentó el conservadurismo ideológico-cultural, llegando a prácticas ilegales de violencia explícita promovidas desde el Estado, como fue la operación clandestina "Stay Behind" que operó desde la Segunda Guerra Mundial hasta que, en el año 1992, estalló el escándalo que develó la red paramilitar europea cobijada por la OTAN y la mayor parte de los Estados de Europa (Francovich, 1992).

Una parte de esa base ideológica de la derecha, que reproducen su discurso, sólo está compuesta por sujetos enojados, frustrados, que no ven horizonte de futuro y sienten amenazada su pequeña dosis de bienestar, lo que Casals (2019) llama el «chovinismo de bienestar», pero que se sienten reivindicados cuando alguien en tono duro dice que les va a dar voz y a restituir su seguridad. Ese discurso del odio embona con la especificidad histórica-política de cada país y, en el caso de España, resuena con eso que nunca fue saneado, donde no hubo reconocimiento e impartición de justicia que condenara a los responsables materiales e intelectuales de la violación masiva de derechos humanos en el franquismo. De ahí que sea de vital importancia hacer frente al borrado de la memoria y reconstruir la memoria histórica, en particular entre los más jóvenes que son también los más abandonados y pauperizados en este capitalismo de guerra.

Es imprescindible, por tanto, pensar cómo revertir, no sólo resistir, la guerra neocortical para desmantelar estas estrategias profundas de modelación de la subjetividad que son la base de reproducción del neoconservadurismo-neoliberal y su discurso del odio. Dice Hannah Arendt en relación con la banalidad del mal: «ausencia de pensamiento no quiere decir estupidez; puede encontrarse en personas muy inteligentes, y no proviene de un mal corazón; probablemente sea a la inversa, que la maldad puede ser causada por la ausencia de pensamiento». Renunciar al pensamiento es renunciar a nuestra condición humana, convertidos en marionetas gestionadas desde el poder. Cada una de nosotras y nosotros, cada ciudadano de a pie, es una pieza fundamental en la estrategia de control y de derechización en curso, pero, también y al mismo tiempo, es una pieza fundamental en la resistencia frente a dicha estrategia. Sin nuestra disposición a escuchar, reproducir y representar esa visión del mundo ajena a nuestros intereses, la estrategia se derrumba como un castillo de naipes. En el momento que no secundamos sus convocatorias, que no conectamos sus noticias o mal llamados programas de debate, que no nos hacemos eco de la personalización e individualización de los problemas sociales y económicos, sino que los contextualizamos, la ideología del odio se retrae y desvanece entre fuegos fatuos.

Bibliografía

Aguirre, E. L. (2022, abril 28). Elecciones en Francia: anatomía del ascenso de las derechas. *Derecho de Réplica*. https://bit.ly/4aBMXfY

Anderson, P. (1996). Balance del Neoliberalismo: lecciones para la izquierda. *Viento Sur*, 26, 107-120.

Ayala-Cañón, L. (Coord.) (2022). *Desigualdad y pacto social*. UNED/Fundación La Caixa

Bauman, S. (2010). *Zygmunt Bauman: la crítica como llamado al cambio* [entrevista]. RNW. https://www.youtube.com/watch?v=X4YGdqgCWd8

Bayona, E. (2023, septiembre 11). Las empresas españolas doblan sus beneficios con la ola inflacionista. *Público*. https://bit.ly/3xpPawG

Beck, U. (1998). *La sociedad del riesgo global*. Paidós

Berger, P. y Luckmann, T. (2001). *La construcción social de la realidad*. Amorrortu.

Blair, E. (2001). El espectáculo del dolor, el sufrimiento y la crueldad. *Controversias*, 178, 83-99.

Blair, E. (2009). Aproximación teórica al concepto de violencia: avatares de una definición. *Política y Cultura*, 32, 9-33.

Bocanegra, R. (2019, noviembre 4). Monasterio (Vox) acude a Sevilla a fomentar la xenofobia y criminalizar a los menores migrantes, *Público*. https://bit.ly/4cL6Jrb

BOE (2021, diciembre 31). *Real Decreto 1150/2021, de 28 de diciembre, por el que se aprueba la Estrategia de Seguridad Nacional 2021*, N° 314, pp. 167795-167830.

Bollaín, J. (2022, septiembre 1). ¿Quién defrauda aquí? *Revista Ctxt. Contexto y acción*. https://bit.ly/3TScGKa

Buen Abad, F. (2019, octubre 2). Teoría del odio. *Linkedin*. https://bit.ly/3JbyDPA

Carreras Aguirre, J. (2017). La articulación de la cuestión social en el espacio social contemporáneo: heterogeneidad, crisis y dominación. En C. Gimeno, *III Jornadas Aragonesas de Sociología* (pp. 45-75). Prensas Universitarias de la Universidad de Zaragoza.

Camus, J.Y. (2014). Extremas derechas cambiantes en Europa. *Le Monde Diplomatique en español*. https://mondiplo.com/extremas-derechas-cambiantes-en-europa

Casals, X. (2019). La normalización de la ultraderecha. *Papeles de relaciones ecosociales y cambio global*, 145, 105-114.

Casos aislados de una corrupción sistémica. https://casos-aislados.com/tramas.php

Chomsky, N. y Herman, E. S. (1990). *Los guardianes de la libertad. Propaganda, desinformación y consenso en los medios de comunicación de masas*. Ed. Crítica

Chomsky, N. (2010). 10 estrategias de manipulación mediática. *El grano de arena*, 569.

Cohen, P. (2019, junio 25). Un mensaje del club de los multimillonarios: 'Que nos cobren más impuestos'. *The New York Times*. https://bit.ly/44DmKMp

Comisión Europea (2020). *Comunicación de la Comisión al Parlamento Europeo, al Consejo Europeo, al Consejo, al Comité Económico y Social Europeo y al Comité de las Regiones sobre la Estrategia de la UE para una Unión de la Seguridad.* https://bit.ly/3vOoXo7

Cortina, A. (2019, noviembre 25). Hablemos claro: el verdadero racismo de la ultraderecha es la aporofobia. *Público.* https://bit.ly/44oFoHJ

Coste, V. (2023, mayo 7). Austria: el partido populista FPÖ en una emboscada. *Euronews.* https://es.euronews.com/2023/05/07/austria-el-partido-populista-fpo-en-una-emboscada

Creveld, M.V. (1991). *The transformation of war.* The Free Press.

De Ayala, J.E. (2011). El ascenso de la extrema derecha en la Unión Europea. *Política Exterior, (25)*143, 14-20. https://www.politicaexterior.com/articulo/carta-de-europa-el-ascenso-de-la-extrema-derecha-en-la-union-europea/

De la Mata Ruiz, I. (2017). Salud mental y neoliberalismo. En Angeles Maestro, Enrique González Duro, Guillermo Rendueles, Alberto Fernández Liria e Iván de la Mata Ruiz. *Salud mental y capitalismo.* Cisma editorial

Delumeau, J. (2018). *El miedo en Occidente.* Taurus

Donne, F. delle (2023, julio 6). Amenaza al equilibrio político alemán. *El País.* https://agendapublica.elpais.com/noticia/18704/amenaza-al-equilibrio-politico-aleman

El País (2014, noviembre 24). Seis de cada 10 jóvenes españoles planean emigrar en busca de empleo. *El País.* https://bit.ly/4cPoSE7

Europa Press (2021, junio 10). Más de la mitad de los jóvenes españoles piensa en emigrar para poder trabajar. *Europa Press.* https://bit.ly/4ary2oY

Francovich, A. (1992). *Operación Gladio* https://www.youtube.com/watch?v=-TrN-t24GuE

Fundación Por Causa (2017). El viaje hacia la extrema derecha en Hungría. https://antiguaweb.porcausa.org/articulo/hungria-extrema-derecha/

Galtung, J. (1998). *Tras la violencia, 3R: reconstrucción, reconciliación, resolución.* Gobierno Vasco/Unión Europea

Gans, H. (1995). *The War Against the Poor.* BasicBooks

Gestha. Sindicato de técnicos del Ministerio de Hacienda (2021, marzo 1). Las grandes empresas acumulan el 72 % de la evasión fiscal, pero solo el 20 % de técnicos de Hacienda los persigue. *Gestha.* https://bit.ly/3J9Wzmo

Gómez Sánchez, J. (2021). *La dictadura del algoritmo* [Documental], https://www.youtube.com/watch?v=TVornWcWTAg

Gómez del Pino, B. (2023, mayo 17). La venta de ansiolíticos y antidepresivos se dispara en España en la última década. *Onda Cero.* https://bit.ly/3TU4ZTQ

Guinsberg, E. (2002). *El malestar en la cultura en América Latina* [Tesis de Doctorado en Estudios Latinoamericanos, Unam]

Han, B. C. (2012). *La sociedad del cansancio.* Herder

Han, B. C. (2014). *En el enjambre*. Herder

Harvey, D. (2005). El "nuevo" imperialismo: acumulación por desposesión. *Socialist Register 2004*, 99-129. Clacso.

Harvey, D. (2007). *Breve historia del neoliberalismo*. Akal

Ileón (2021, junio 11). El turista alemán que protestó por el campo de concentración de San Marcos no avala el homenaje realizado. https://bit.ly/3xlsxcD

INE (2023). *Encuesta nacional de condiciones de vida 2022*. INE

Kilcullen, J. (2006), *Three Pillars of Counterinsurgency*. U.S. Government Counterinsurgency Conference.

La Moncloa (2023, abril 4). El paro baja en 48.755 personas. *Servicio de Prensa*. https://bit.ly/49tKh2P

La ultraderecha en Europa (2022). *La marea.com*. https://www.lamarea.com/wp-content/uploads/2022/11/Mapa-fascistas.pdf

Lind, W. S. (2004). Understanding Fourth Generation War. *Military Review*, septiembre-octubre. https://www.hsdl.org/?view&did=482203

López de Uribe, J. M. (2018, marzo 25). Más de un tercio de los habitantes de León capital eran prisioneros en 1938 y 1939. *Ileón*. https://bit.ly/49zAVmi

Martí, J. y Paternio, F. (2022). Del green, blue & purple washing a la economía de la guerra y el ajuste. *Viento Sur*, *183*, Año XXX, 60-71.

Mbembe, A. (2011). *Necropolítica*. Melusina

Merino, Á. (2020). El ascenso de la extrema derecha en Europa. *El orden mundial*. https://elordenmundial.com/mapas-y-graficos/mapa-expansion-extrema-derecha-europa/

Moreno, F. y Casani, B. (2011). El estado de malestar. Una conversación con Guillermo Rendueles. *Viento Sur*, 34, 22-31.

Nievas, F. (Comp.) (2010). *Arquitectura política del miedo*. El Aleph.

Oxfam (2018). *Premiar el trabajo, no la riqueza*. Oxford.

Oxfam (2022). *Las desigualdades matan*. Oxfam GB.

Poulantzas, N. (1973). *Poder político y clases sociales en el Estado capitalista*. Siglo XXI.

Público (2023, junio 25). La derecha se hace con la mayoría absoluta en Grecia. https://bit.ly/444XmPh

Ramos, R. (2003). *Discursos sociales del tiempo*. UCM.

Reder (2017). *Informe Cinco mitos para cinco años de exclusión sanitaria*. REDER, Red de Denuncia y Resistencia al Real Decreto de reforma sanitaria.

Rodríguez, O. (2020, diciembre 7). San Marcos, el parador reabierto que fue campo de concentración franquista. *El diario.es*. https://bit.ly/3VSdKAu

Rodríguez-Rejas, M. J. (2019). Neoliberalismo y guerra contra los pobres: la construcción social del doblegamiento y la derrota. *Viento Sur*. https://bit.ly/4aVEgNy

Rodríguez-Rejas, M.J. (2019). *Diario de campo.* Estancia de investigación en España.

Stainer, K. (2023, mayo 7). Austria. El partido populista FPÖ en una emboscada. *Euronews.* https://bit.ly/4atcwAo

Stein, B. (2006, noviembre 26). In Class Warfare, Guess Which Class Winning. *The New York Times.* https://bit.ly/3QrGf4y

Szafranski, R. (1997). Neocortical Warfare? The ACME of Skill, en John Arquilla y David Ronfeldt (comps.). *Athena´s Camp. Preparing for Conflict in the Information Age* (pp. 395-416). RAND

Therborn, G. (1987). *La ideología del poder y el poder de la ideología.* Siglo XXI

Therborn, G. (2015). *Los campos de exterminio de la desigualdad.* FCE

Velert, S. (2020, enero 7). Austria estrena un gobierno de conservadores y verdes. *El País.* https://bit.ly/3TTB26B

Wacquant, L. (2007). *Parias urbanos: Marginalidad en la ciudad a comienzos del milenio.* Manantial

El control de la conciencia en tiempos del capitalismo digital

Marcos Roitman-Rosenmann[30]

1. Introducción

La especie humana ha entrado en una peligrosa deriva: la deshumanización. Las formas de control social y las técnicas de dominación se han multiplicado. Sus consecuencias se dejan sentir en todos los ámbitos de la vida social. Lentamente, la cibernética e informática constituyen la base de un nuevo mundo, en el cual el ser humano se convierte en un adminículo de la inteligencia artificial. El recurso al *big data* y a la inteligencia artificial se han convertido en un mantra para solucionar todo tipo de problemas. A medida que los algoritmos copan la vida cotidiana, un sistema binario, cuya función consiste en hacer más confortable la existencia, provoca que el pensamiento crítico entre en crisis. En este contexto, la mente cerebro se adecua a una nueva realidad, esta vez, adjetivada como virtual, donde el pensar es una opción, más que una facultad.

En la realidad virtual, todo está resuelto. Es un mundo donde la forma de comunicarse, el lenguaje, queda incorporado a una manera de percibir la realidad desde la ficción de recrear sensaciones y emociones construidas como modelos. Se puede jugar, viajar, tener relaciones sexuales, participar de operaciones quirúrgicas, cometer asesinatos. En otras palabras, se busca que el ser humano sea capaz de reproducir sus emociones desde una plataforma y sus aplicaciones. Así se entra en una dimensión desconocida. La mente cerebro inicia un proceso de "reseteo" para reconstruir su mundo, adquiere nuevas habilidades al tiempo que abandona maneras de pensar y actuar propias del mundo analógico. Es el comienzo de una etapa de transformación sólo posible gracias a la transición del capitalismo

30 | Profesor de la Universidad Complutense de Madrid (España).

analógico al capitalismo digital. La Red acaba imponiendo conductas y hábitos, si no provoca cambios en la manera en la cual el cero organiza sus funciones. Así lo expresa Nicholas Carr en su ensayo *Superficiales:* «Empecé a ver que las Red estaba ejerciendo una influencia mucho mayor sobre mí que la que había tenido mi viejo ordenador de mesa. No era solo que estuviera empleando tantísimo tiempo en mirar una pantalla de ordenador. No era sólo que muchos de mis hábitos y rutinas estaban transformándose mientras me acomodaba cada vez más a, y hacía dependiente de, las páginas y servicios de la Red. El modo mismo en que mi cerebro funcionaba parecía estar cambiando. Fue entonces cuando empecé a preocuparme por mi incapacidad para prestar atención a una sola cosa durante más de dos minutos. Al principio pensé que el problema era un síntoma de degradación mental propia de la madurez. Pero mi cerebro, comprendí, no sólo estaba disperso. Estaba hambriento. Exigía ser alimentado de la manera en que lo alimentaba la Red, y cuanto más comía, más hambre tenía. Incluso cuando estaba alejado de mi ordenador, sentía ansias de mirar mi correo, hacer clic en vínculos, *googlear*. Quería estar *conectado*. Al igual que Microsoft Word me había convertido en un procesador de textos de carne y hueso, Internet, me daba cuenta, estaba convirtiéndome en algo parecido a una máquina de procesamiento de datos de alta velocidad...» (2018, p.29).

Resulta significativo que sea la adicción de la mente cerebro la que acabe por definir las acciones que el homo sapiens sapiens, realiza. En otros términos, es la mente cerebro la que tiene el control sobre la manera de percibir el mundo, estar en el mundo y de construir el mundo de las experiencias al cual nos referenciamos. Traemos un mundo a la mano y somos copartícipes de su desarrollo. «De hecho estas experiencias —o muchas otras similares— contienen de manera capsular todo el sabor esencial de lo que queremos decir. Porque nos están mostrando de qué manera nuestra experiencia está amarrada a nuestra estructura de una forma indisoluble. No vemos el 'espacio' del mundo, vivimos nuestro campo visual; no vemos los 'colores' del mundo, vivimos nuestro espacio cromático. Sin lugar a dudas (...) estamos en un mundo. Pero cuando examinemos más de cerca cómo es que llegamos a conocer ese mundo, siempre nos encontraremos con que no podemos separar nuestra historia de acciones —biológicas y sociales— de cómo nos aparece ese mundo.

Es tan obvio y cercano que es lo más difícil de ver» (Maturana y Varela, 1990, p.18).

En este orden de cosas, asistimos a una reprogramación, donde se trata de separar lo biológico y lo social, al extremo de hacer de la realidad virtual el principio explicativo de las relaciones sociales. Un factor que juega en esta dirección lo constituye la aceleración del tiempo digital. Su estructura cambia por completo la percepción del mundo. Nuestra vida se articula al uso de información casi instantánea en la Red. Nuestra conducta se ve afectada por los mismos dispositivos que son cada vez más complejos en su manejo, a la par que se convierten en un apéndice de nuestra existencia. «Así, mientras las cosas se vuelven más sofisticadas, yo me vuelvo más estúpido en relación con ellas; de hecho, pierdo mis conocimientos prácticos y culturales. Esta es una consecuencia natural de la devaluación incesante de la experiencia a través de la innovación. También me alieno de las cosas que poseo en el sentido que me siento mal porque no las trato como debo. De esta manera, si tengo algún sentimiento respecto de ellas, es de culpa. Ellas son tan valiosas e inteligentes, y yo las trato torpemente. Esto por desgracia, se aplica no solamente a los equipos (el hardware), sino también a los programas (el software)» (Hartmut, 2016, p.153).

Pensar desde el sistema y buscar la manera de vivir en su interior para comprender sus mecanismos nos sitúa en un nivel de supeditación. Nos convertimos en adminículos de los dispositivos inteligentes. En este sentido es necesario abordar las dinámicas del capitalismo digital «desde nuevos fundamentos, no solo según los engranajes económicos que las determinan, las concepciones del mundo y de lo humano que la determinan (…) sino bajo un prisma totalmente diferente (…) su impacto sobre nuestra psicología individual y colectiva. Porque quizá comprendamos recién hoy (…) hasta qué punto las tecnologías digitales modificaron nuestras mentalidades casi de modo insidioso, hasta qué punto contribuyeron a la adopción de posiciones inéditas, redefinieron la relación habitual con lo real, con los demás y con gran número de marcos que determinaban hasta ahora la vida en común, a partir del hecho de una dimensión nodal que se fue forjando poco a poco y que sigue estando hasta el día de hoy bastante escondida: una representación inflada de uno mismo». Y más adelante pone de manifiesto el significado de la emergencia del individuo tirano: «Vivimos el momento inaugural de la generalización de los modos de existencia secundados por sistemas. Y ahí se produce la distinción entre ciudadano e individuo» (Sadin, 2022, pp.39-40).

2. Del capitalismo analógico al capitalismo digital

La peor catástrofe provocada por la acción del ser humano tras la Segunda Guerra Mundial, una pandemia de trasmisión zoonótica, ha paralizado el planeta. Es la consecuencia de un orden de dominación y explotación, el capitalismo, que no ha tenido límites en trasformar la vida en mercancía. Naturaleza y seres humanos son expropiados, enajenados de manera violenta de sus derechos. Han sido muchos los avisos en forma de enfermedades, hambrunas y guerras. Pero la respuesta siempre ha sido la misma, infravalorar sus consecuencias. Son las plagas del capitalismo. Gripe aviar, "vacas locas", gripe porcina, salmones contaminados, perdida de la diversidad, extinción de especies, desertización, disminución de los bosques y selvas tropicales. Nada detiene el afán predador del capital.

La explotación de seres humanos, flora, fauna y riquezas minerales, se extiende. Una acción predadora que se acelera gracias a la revolución cibernética y robótica. América Latina está en el centro de estas trasformaciones. Las granjas sobrepobladas de aves, ganado, las plantaciones de soja, palma, sorgo, maíz, girasol o trigo se benefician de una robotización de sus labores al tiempo que son portadoras de nuevas plagas. Drones, algoritmos, un cúmulo de información racionaliza aún más la explotación. Las oligarquías y plutocracias han decidido convertir nuestros países en colonias de un capitalismo digitalizado e interconectado. El territorio, sus riquezas, su población constituyen el objetivo; aunque siempre lo han sido, en la actualidad lo hace bajo nuevas pautas. Hoy se habla de agricultura digital bajo el nombre pomposo de utilizar el Internet de las cosas, el *big data* y la inteligencia artificial. «Los grandes ganadores de la pandemia han sido las plataformas digitales que además de hacer ganancias astronómicas han exacerbado desigualdades e injusticias —paradójicamente, bajo la imagen idílica de que 'estamos todos conectados'—. Ahora, la agenda de estas empresas avanzó vertiginosamente, también en el mayor mercado del planeta: agricultura y alimentación (…) Las más grandes empresas de ambos sectores están en movimiento, tanto en el Norte como en el Sur. Microsoft ha diseñado programas especiales para digitalizar todo el trabajo en el campo; varias empresas digitales tienen contratos con empresas de maquinarias, como John Deere y CNH, para la recolección, a través de tractores, de datos de suelo, siembra y clima en sus nubes electrónicas. Las mayores empresas globales de comercio de materias primas agrícolas, Cargill, ADM, Cofco; Bunge, Louis Dreyfus y Glencore, sostienen una colaboración para el desarrollo de plataformas de tecnologías digitales para automatizar el comercio mundial de granos» (Ribeiro, 2020).

Las transnacionales de la agroindustria —Bayer, DuPont, Syngenta, BASF— son dueñas de macro procesadores de información sobre los cuales construyen sus políticas de explotación agrícola. «Lo que hace que los datos sean "fértiles" es la conectividad. Sin conectividad, la agricultura de precisión no puede funcionar; es requisito previo para hacer uso de los algoritmos de *big ag* [la gran agroindustria] que determinan el soporte técnico y las recetas agrícolas a través de plataformas agrícolas digitales de pago. Privilegiar los datos por encima de la tierra —la información digital por encima de los sistemas de conocimiento de las comunidades y mujeres indígenas que cultivan y crían a través de generaciones— apunta a una tendencia alarmante: la desmaterialización de los recursos biológicos y genéticos que son la base del sistema alimentario, pero también la erosión de los derechos, el desempoderamiento y la invisibilización de los campesinos y las ricas culturas, prácticas y sistemas de conocimiento que sustentan las diversas agriculturas en todo el mundo» (Grupo ETC, 2019, p.32).

Un liberalismo militarizado se impone en todo el mundo. Romper las resistencias, disolver y criminalizar los movimientos sociales, es su horizonte político. El capitalismo dependiente se recrea en su fase tecnológica-digital-industrial-financiera. El mundo, tal y como lo conocemos, se desvanece. El capitalismo ha entrado en una deriva que precipita a la especie humana a la extinción. En su huida hacia adelante, el complejo militar, industrial y financiero que gobierna a las dos terceras partes del planeta, aumenta las desigualdades, el hambre y la sobreexplotación. Al mismo tiempo, lo hace la represión, la violencia y la criminalización de las luchas democráticas. Vivimos una segunda oligarquización del poder, producto de un cambio estructural del capitalismo, afectando las relaciones sociales de dominación, explotación y apropiación del plusvalor.

Si la primera ola se articuló bajo la revolución industrial y científico-técnica, teniendo al imperialismo como su forma emergente, hoy se presenta bajo la globalización neoliberal y la revolución cibernética del *big data* y la inteligencia artificial. Es la transición del capitalismo analógico al capitalismo digital. Poder, violencia, dominación, disciplina, control, se reorientan acorde a las propias leyes de acumulación, explotación, producción y reproducción del capital. La contradicción capital-trabajo asume formas novedosas que acaban por redefinir al capitalismo. El dominio del cuerpo y la mente, unen biopolítica y psicopolítica.

El calentamiento global, junto a la contaminación medioambiental, dan al traste con la visión idílica del neoliberalismo. Las consecuencias se proyectan en la vida cotidiana. A los largos periodos de sequias, migraciones del hambre, el desarrollo de la necropolítica, le siguen la depresión, las enfermedades autolíticas, el estrés, la obesidad mórbida, la diabetes, el síndrome de atención deficiente, la bulimia, la anorexia, junto a una creciente infelicidad colectiva, generada por la desigual, el trabajo basura, la flexibilidad laboral, y la autoexplotación.

Las luchas sociales se generalizan. Desde todos los frentes se producen rupturas. Los muros se resquebrajan. El patriarcado se cuestiona. El movimiento feminista se rehace. Los pueblos originarios defienden sus territorios. La lucha contra los transgénicos y las trasnacionales de la agroindustria tienen su referente en Vía Campesina. Los estudiantes, el movimiento obrero, la juventud, completan el cuadro de resistencias. El capitalismo vive su peor momento. Leyes mordaza, antiterroristas, o defensa interior. La presencia de las fuerzas armadas en actividades variopintas como la lucha contra el narcotráfico, se trasforman en diques de contención contra quienes levantan la voz frente a los megaproyectos y las políticas extractivistas. Es el nacimiento de un estado de guerra permanente.

Asistimos a la militarización de la sociedad. Si la presencia de las fuerzas armadas, es una realidad en las poblaciones de las grandes ciudades y zonas rurales conflictivas, allá donde hay resistencias de los pueblos originarios o campesinos ejidales, el capitalismo digital busca reducir el grado de violencia y el uso de la fuerza directa. Una contradicción que es posible superar gracias a la informática de la dominación. Una guerra en la cual se busca la sumisión consentida del enemigo, generando un sentimiento de libertad individual. El panóptico de un poder en el cual el gran hermano desaparece.

Una realidad que se expande y en la cual el neoliberalismo se constituye en la propuesta capaz de realizar la libertad y la democracia subsumidas en el proceso de explotación. «El neoliberalismo es un sistema muy eficiente, incluso inteligente, para explotar la libertad. Se explota todo aquello que pertenece a prácticas y formas de libertad, como la emoción, el juego y la comunicación. No es eficiente explotar a alguien contra su voluntad. En la explotación ajena, el producto final es nimio. Sólo la explotación de la libertad genera el mayor rendimiento (…) Por mediación de la libertad individual se realiza la libertad del capital. De este modo, el individuo libre es degradado a órgano sexual del capital. La libertad individual confiere al capital una subjetividad automática que lo impulsa a la reproducción activa. Así, el capital "pare" continuamente "crías vivientes". La libertad individual, que hoy adopta una forma excesiva, no es en último término otra cosa que exceso de capital» (Han, 2014a, pp. 13 y siguientes).

El individualismo extremo, preconizado bajo la libertad de mercado, el yo consumidor, emprendedor y empoderado, se potencia. Se trata de destruir cualquier proyecto colectivo, mermar las formas de lucha donde emerja una alterativa democrática, portadora de una propuesta anticapitalista. Afianzando el yo, se destruyen los vínculos de unión sobre los cuales se construye la ciudadanía política. «La creciente tendencia al egoísmo y la atomización de la sociedad hace que se encojan de forma radical los espacios para la acción común, e impide con ello la formación de un poder contrario, que pudiera cuestionar realmente el orden capitalista (…) Lo que caracteriza la actual constitución social no es la *multitud*, sino más bien la soledad. Esa constitución está inmersa en una decadencia general de lo común y lo comunitario. Desaparece la solidaridad. La privatización se impone hasta en el alma» (Han, 2014b, pp.31-32).

Esta realidad encuentra su justificación ideológica en la informática, la cibernética y la inteligencia artificial. Hoy, la capacidad de reflexión, el juicio crítico, representa un problema para el sistema. Criminalizar el pensamiento y cerrar espacios democráticos de negociación, dialogo, participación y mediación colectiva, se vuelve una necesidad vital para la sobrevivencia del capitalismo. Es el tiempo de un totalitarismo en cuyo marco se han difuminado los límites entre dominación, disciplina y obediencia. La frontera entre períodos de guerra y paz tiende a desaparecer. La concepción de hacer política se redefine como gestión de un poder absoluto, en cuyo seno, ve la luz el nuevo totalitarismo invertido. «A diferencia de los regímenes totalitarios clásicos que no desaprovechan la oportunidad de presentar situaciones dramáticas y de insistir en una trasformación radical que erradicara virtualmente todo rastro del sistema anterior, el totalitarismo invertido ha surgido imperceptiblemente, de manera no premeditada, en una aparente continuidad ininterrumpida (…) Para nuestros fines, una inversión se produce cuando puntos de partida aparentemente desvinculados, hasta disímiles, convergen y se fortalecen entre sí. Una corporación gigantesca incluye sesiones de oración para sus ejecutivos, mientras que los evangélicos se reúnen en congregaciones concesionadas y predicadores millonarios exaltan las virtudes del capitalismo. Cada uno de ellos es un componente confiable de un sistema cuya cara pública es el gobierno. Hay una inversión cuando un sistema, como una democracia, produce un número de acciones significativas que suelen asociarse con sus antítesis: por ejemplo, cuando un jefe electo del ejecutivo tiene el poder de encarcelar a un acusado sin garantías procesales, cuando sanciona el uso de la tortura mientras que instruye a la nación acerca de la santidad del Estado de derecho. El nuevo sistema, el totalitarismo invertido, profesa ser lo opuesto de lo que es en realidad. Niega su verdadera identidad, en la esperanza de que sus desviaciones sean normalizadas como 'cambios'. Hace exactamente lo contrario de lo que hacen los totalitarismos clásicos, que lejos de disimular su ruptura con el sistema constitucional del pasado, la celebran» (Wolin, 2008).

Es el devenir de un estado de excepción permanente. «Se trata, como vemos, de lo mismo en la paz política y en la guerra: del dominio de la voluntad del enemigo. La guerra se continúa en la paz por otros medios: invadiendo la política del cuerpo y la cabeza de las personas. El objetivo es idéntico, no hay diferencia entre la paz y la guerra, y solo los medios difieren. Pero estos medios psicológicos se utilizan —en la política interior del Estado— antes que recurrir a los medios físicos: antes de hacer visible el fundamento guerrero de la política. Si hay guerra psicológica hay guerra continua: no hay campo de paz, sino solo apariencia de tal, mientras se los vence y domina de otro modo. La lucha psicológica se trasforma así en permanente, universal y total. Permanente porque la agresión psicológica no distingue entre tiempo de paz y tiempo de guerra. Universal porque los medios modernos de difusión no se detienen en las fronteras y porque el "enemigo" recluta sus aliados entre las mismas filas del adversario. Total, en fin, porque la lucha es llevada hasta el espíritu mismo de la persona» (Baró, 1990, p.114).

Desde la caída del muro de Berlín y del bloque del Este hubo necesidad de redefinir el orden mundial. Estados Unidos impuso la política del unilateralismo. La primera guerra del golfo fue la excusa esgrimida para realizar su proyecto. La paz de post-guerra dejó fuera de foco a Naciones Unidas y buena parte de los organismos multilaterales. Las tecnociencias cobraron relevancia. La red se consolidó. Los algoritmos se generalizaron y el *big data* entró en escena. «En la década de 1980, se produjo una especie de inversión con el advenimiento expansivo de lo digital, por acordarse la prioridad al "fundament" emblemático en la figura de la computadora personal, de un nuevo tipo de exaltación que ya no se vinculaba con la supuesta intensificación de la calidad de vida, sino con *la cosa misma*. Era la admiración por un objeto precisamente "virtual", que entraba al hogar y al que había que entender no en su dimensión habitual, sino en relación con sus capacidades en germen. Como se pudo presentir pronto, inauguraba, sin decirlo exactamente, una realidad destinada a ser transformada de modo radical a través del incremento indefinidamente abierto de su potencia. Este sentimiento se vio favorecido por el tamaño relativamente modesto del aparato, inversamente proporcional a la incalculable suma de promesas que develaría con el tiempo. En el interior de esta tensión entre presencia de un dispositivo con capacidades aún limitadas, pero continuamente ampliadas año tras año, y la conciencia de una infinidad potencial, ha tomado forma, en principio entre los iniciados y luego en la sociedad entera, una relación casi deslumbradora con la computadora y más ampliamente, con las tecnologías digitales» (Sadin, 2017, p.90).

Las neurociencias lograban un protagonismo desconocido. El capitalismo se rearmó y se planteó nuevos objetivos. Las emociones, un mundo hasta ese momento oscuro, fueron retomadas como objetivo militar. Se abría una nueva dimensión en la guerra psicológica: controlar y dirigir el miedo, la ira, la alegría, la aversión y sobre todo el dolor. Se comenzó a popularizar el concepto de inteligencia emocional. Se trataba de manejar estados transitorios de ánimo incontrolables y revertirlos hacia comportamientos sumisos. La informática de la dominación lo hizo realidad. Desde ese mismo momento, las emociones, gracias al desarrollo de las tecnologías digitales, pasaron a ser un arma para el control social.

«Electromagnéticas, cinéticas o químicas, las nuevas armas no letales desafían el concepto de guerra como sinónimo de destrucción mutua tal y como la habían definido la disuasión y la proliferación nucleares. Redefinir la guerra, colocando las nuevas bases de una nueva doctrina estratégica que considere las nuevas tecnologías de la información, es a lo que se han dedicado los estrategas del aire y del espacio después de la primera guerra del Golfo Pérsico; guerra en la que fueron ensayados, en situación real, nuevos sistemas de armamento automático y autoprogramados de largo alcance. El postulado es que "la nueva guerra de la información" ofrece a los poderes militares la posibilidad de crecer en eficacia disminuyendo la violencia (…) significa que la guerra de la información tiene que ver con la forma en que los humanos piensan y, lo que es más importante, con la forma en que toman sus decisiones (…) Esta redefinición de la guerra bajo el prisma de la información es resumida por Richard Szafranski mediante una metáfora biológica: "la guerra neocortical" (…) Una guerra que se esfuerza en controlar o en modelar el comportamiento del organismo enemigo, pero sin destruir los organismos. Y esto se logra buscando influir incluso hasta el punto de regular la conciencia, las percepciones y la voluntad de liderazgo del adversario: el sistema neocortical del enemigo. El objetivo es el de paralizar en el adversario el ciclo de observación, de la decisión y de la acción. En suma, se trata de anular su capacidad de comprender» (Mattelart y Vitalis, 2015, pp. 99-100).

Gracias al desarrollo de algoritmos para determinar el estado emocional de cada individuo, las empresas privadas a las cuales pertenecen pueden reconducir las emociones. En definitiva, modificar comportamientos y direccionar la conducta. El miedo y el dolor se convierten en un plus para el control político. En tanto los datos son entregados a los centros de seguridad nacional, los Estados amplían su control sobre los ciudadanos, a la par que minan las resistencias a la libertad del capital. Es el nacimiento de un *Superpoder*, desde el cual se proyecta el neoliberalismo libertario, donde: «No se trata tanto de control y recolección abusiva de datos personales, sino de una conformación bastante distinta cuyo objetivo no es vigilar sino influir sobre los comportamientos de hacer como si, gracias a una arquitectura técnica, pudiera prevalecer indefinidamente una organización correcta de las cosas (…) Se supone que la vigilancia intercepta y aísla a los individuos que han cometido delitos o son susceptibles de cometerlos. La administración automatizada de las conductas pretende generalizar el principio de interiorización de los preceptos estimados como fundamentales a fin de que, al igual que con las cercas eléctricas que cierran ciertos espacios, se envíen descargas a los elementos del rebaño que se extravíen y salgan del perímetro previsto, por descuido o voluntariamente. La arquitectura de la matriz basta por sí misma para contener toda veleidad divergente» (Sadin, 2020, p.222).

Bajo la emergencia del tecnolibertarismo, el *Superpoder* se recrea y aumenta. En tanto, une a las grandes empresas privadas del capitalismo digital. Las posibilidades abiertas por el reconocimiento de voz y los algoritmos biométricos producen un cambio en la digitalización del mundo. Pero no sólo se aplica a seres humanos. «*Big ag* está reclutando a expertos en tecnología de medios sociales para que ayuden a rastrear ganado (…) están utilizando tecnologías de reconocimiento de rostros para crear una base de datos de rostros de cerdos, con la esperanza de que la capacidad de identificar a un cerdo individual y monitorear su comportamiento —incluyendo el seguimiento de la tos a través del reconocimiento de voz— pueda ayudar a los administradores de granjas a abordar los problemas en sus primeras etapas. Cargill ha invertido en una empresa emergente con sede en Dublín especializada en el reconocimiento del rostro de las vacas lecheras para aumentar "la capacidad de sus clientes de tomar decisiones proactivas y predictivas para mejorar la eficiencia de sus granjas". Como explica el fundador de la compañía: "las vacas no se esconden detrás de sombreros, gafas de sol o ropa, y no se oponen a que las espíen…"» (Grupo ETC, 2019, p.4).

La llamada transición digital se impone revolucionando la forma sobre la cual se presentó en los años 80 del siglo pasado. Cada vez, es menos necesaria la mediación de una pantalla, sea del ordenador o de los dispositivos móviles contenidos en la telefonía móvil: «A largo plazo, las pantallas resultarán engorrosas para colmar esta aspiración de mediar entre la mente y el mundo. Las tecnologías de reconocimiento de voz, como *Alexa*, de Amazon, o *Siri*, de Apple, posibilitan la captura de los pensamientos y los deseos de un modo aural y metamorfosearlos en datos. Amazon ha patentado una tecnología

que detecta quien está hablando en cualquier momento y progresivamente desarrolla un perfil de su personalidad y sus gustos. Mostrando
una curiosa mezcla de las metáforas sensoriales, esta tecnología se
conoce en inglés como *voice-sniffing* o "inhalador de voz". Las tecnologías que, como *Apple Watch* o *Fitbit*, llevamos puestas capturan los
datos emitidos por nuestros cuerpos mientras estos responden a diferentes entornos o productos. *Amazon Dash* es un pequeño dispositivo
que se cuelga de la pared y provisto de un botón para que el usuario
lo presione cada vez que un producto del hogar se le agote, una información que se trasmite a Amazon en forma de pedido. Lo que hacen
todas estas tecnologías es minimizar la posibilidad de que el individuo
exprese sus pensamientos mediante otro medio que no sea el poseído
por la plataforma en cuestión. Huelga decir que el medio más inmediato sería cualquiera que pudiera llegar directamente a los "pensamientos" en el instante mismo en que estos se forman en el cerebro»
(Davies, 2019, p.276).

Pasar de la explotación a la autoexplotación, como principio del
tecnolibertarismo neoliberal, se convierte en el gran objetivo del capitalismo digital. Ser explotado y sentirse libre supone forjar un poder
que «no opera de frente contra la voluntad de los sujetos sometidos, sino que dirige esa voluntad a su favor. Es más afirmativo que
negador, más seductor que represor. Se esfuerza en generar emociones positivas y en explotarlas. Seduce en el lugar de prohibir. No se
enfrenta al sujeto, le da facilidades. El poder inteligente se ajusta a la
psique en lugar de disciplinarla y someterla a coacciones y prohibiciones. No nos impone ningún silencio: nos exige compartir, participar,
comunicar nuestras opiniones, necesidades, deseos y preferencias;
esto es contar nuestra vida. Este poder amable es más poderoso que el
poder represivo. Escapa a toda visibilidad. La presente crisis de libertad consiste en que estamos ante una técnica de poder que no niega o
somete la libertad, sino que la explota. Se elimina la decisión libre en
favor de la libre elección entre distintas ofertas. El poder inteligente,
de apariencia amable, que estimula y seduce, es más efectivo que el
poder que clasifica, amenaza y prescribe. El botón de *me gusta* es su
signo. Uno se somete al entramado del poder consumiendo y comu-
nicándose, incluso haciendo clic en el botón de me gusta. El neoliberalismo es el *capitalismo del me gusta* (…) El poder inteligente lee
y evalúa nuestros pensamientos conscientes e inconscientes. Apuesta

por la organización y optimización propias realizadas de forma voluntaria. Así no ha de superar ninguna resistencia. Esta dominación no requiere de gran esfuerzo, de violencia, ya que simplemente sucede» (Han, 2014a, pp. 29-30).

Hoy, este tipo de dominación está cada vez más cerca, en tanto la Red se presenta como creadora de democracia y libertad. Nuevos autoritarismos nacen al albur de la Red controlada por las grandes empresas que desarrollan las aplicaciones para introducir el concepto de la democracia digital 2.0, cuyo objetivo consiste en trasformar el ciudadano en un consumidor de servicios vía internet. «Los usuarios de los servicios 2.0, por lo general no son conscientes de la enorme complejidad que subyace a su experiencia de la Red, que se halla casi por completo en manos de empresas privadas con fines de lucro. De ahí, sostener que las experiencias de los usuarios, altamente subjetivas y heterogéneas entre sí, son esencialmente libres y democráticas constituye otra falacia ontológica que supone que las herramientas proporcionadas gratuitamente a los usuarios por los intermediarios digitales son "naturalmente" libres y democráticas (…) Google no está haciendo más democrático el mundo; Facebook no nos está trasformando en mejores personas; Apple no nos está convirtiendo en gente más creativa; Amazon no está expandiendo posibilidad de elección; Twitter [ahora denominado X] no nos hace corresponsal de las revoluciones en curso. Sólo existen un puñado de protagonistas, los nuevos amos digitales los grandes mediadores informacionales, que recombinan el espacio en subredes comunitarias cada vez más homogéneas (Ippolita, 2016, pp. 80 y sig.)».

América Latina forma parte del entramado en el cual las nuevas empresas sobre las cual se asienta el poder de la dominación digital han aumentado su presencia en la región. Google, Amazon, Apple, Facebook y Microsoft ven como sus dispositivos móviles y sus aplicaciones son hegemónicas. Sin embargo, la brecha digital se profundiza. El acceso a Internet no está garantizado y la pobreza derivada de las nuevas tecnologías se hace sentir con mayor fuerza en las clases populares. Ello no ha sido un problema para que la fundación de Microsoft, dirigida por Melinda y Bill Gates, emprenda una actividad ingente en todos aquellos sectores productivos en los cuales el uso de sus dispositivos pueda realizar el sueño de la dominación digital. Educación, sanidad, agricultura, industria, son el objetivo. El ya mencionado Internet de las cosas, el *big data* y la inteligencia artificial se proyectan en las reformas laborales, la producción agroalimentaria, las universidades, los hospitales, centros de salud. La robótica se expande en todas las ramas productivas. Nada escapa al capitalismo digital y la informática de la dominación.

El Internet de las cosas facilita la interconexión bajo un solo mando y hace viable almacenar, analizar, utilizar y organizar un cúmulo de datos para un mismo objetivo. La posibilidad de manejar en tiempo real la información que proveniente de dispositivos dispersos abre la puerta a un control digital de cuanta actividad humana se desarrolle al interior de la red. La relación que se produce entre dispositivos, desplaza al ser humano de su capacidad de tomar decisiones y lo sitúa como portador de información para que los algoritmos construyan su realidad cotidiana. La dominación perfecta. En esta lógica, se avanza hacia una deshumanización bajo el pretexto de hacer la vida más fácil. El libertarismo neoliberal consiste en «instituir una organización automatizada del mundo por medio de sistemas algorítmicos que regulan el curso de las cosas y abren horizontes virtualmente infinitos de beneficios. Ahí se ubica la singularidad del tecnolibertarismo, que disuelve todos los fundamentos históricos de la economía y de lo político. La ontología tecnolibertaria consiste en descalificar la acción humana en beneficio de un "ser computacional" que se juzga superior. Su *ethos* económico quiebra todo principio de integridad y pretende adosarse a la vida, hacer cuerpo con ella y capitalizarse a partir de una a-política o una tecno política que procura liberarse de lo político entendido como la libre capacidad de los individuos y de los pueblos para decidir, en común y dentro de la contradicción, su destino singular. Incluso si la *Weltanschauung* de Silicon Valley no deja de ganar espíritus y territorios, algunos, mareados por su grandeza, sienten impaciencia y quisieran crear "Zonas a defender tecnolibertarias", liberadas de toda obligación de todo principio democrático...» (Sadin, 2018, p. 126).

La dependencia digital es la puerta de entrada a un nuevo autoritarismo, menos visible. Bajo la apariencia de la libertad y la democracia 2.0 asistimos a un control de las emociones y de los sentimientos. De forma imperceptible, los algoritmos, acorde al *big data*, irán orientando la conducta hacia las decisiones acertadas. La sensación de sentirse libre, es la dominación perfecta. Los dispositivos trasmiten un ingente cúmulo de datos que son procesados por las grandes compañías de la red digital.

Los gobiernos no escapan a la realidad digital. Así, son articuladores de este nuevo autoritarismo que lentamente se extiende por el planeta. Autoritarismo que subsume y convive con viejas formas donde se reconocen dictadores, caudillos, tiranos y autócratas. Sin embargo, las maneras tradicionales que identifican el autoritarismo: la violencia y represión exterior, ceden su lugar al ideario tecno-digital que es aceptado «como portador de potencialidades infinitas que encarnan además una forma luminosa de capitalismo. Y se supone que no se basa más en la explotación de la mayoría de sus actores, sino en "virtudes igualitarias", porque ofrece a todos, desde el "*startupper* visionario*", hasta el "colaborador creativo" o el "emprendedor autónomo", la posibilidad de vincularse "libremente" y entonces expandirse» (Sadin, 2018, p.31).

La transición del capitalismo analógico al capitalismo digital asienta un poder positivo, una versión donde no es necesaria la vigilancia a través de técnicas invasivas. La resistencia se anula mediante una potenciación del *yo* hasta el extremo de entender y negar la violencia de la explotación, para situarla como libertad para auto-explotarse. «Los nuevos medios de comunicación diluyen el ser para el otro. El mundo virtual es pobre en *alteridad* y *resistencia*. En los espacios virtuales, el yo prácticamente se puede ver sin el "*principio de realidad*" que sería *principio del otro* y *de resistencia*. En los espacios imaginarios de la virtualidad, el yo narcisista se encuentra fundamentalmente consigo mismo. La virtualización y la digitalización comportan cada vez más la desaparición de lo *real* que se hace perceptible sobre todo en la resistencia que presenta (…) El sujeto de obediencia, está sometido a una instancia de dominación que lo explota (…) el sujeto de rendimiento es libre, puesto que no está sometido a nadie. Su constitución física está definida por el **poder**, no por el **deber**. Su existencia está regida por la libertad y la iniciativa, no por mandatos ni prohibiciones. En lugar de la explotación ajena aparece la autoexplotación. El sujeto de rendimiento se explota a sí mismo hasta desmoronarse. En este sentido, la violencia y la libertad son lo mismo. La violencia se dirige hacia uno mismo. El explotador es el explotado (…) De todo esto se sigue que la violencia de la positividad es más traidora que la violencia de la negatividad, puesto que se ofrece como libertad (…) se libra una guerra con uno mismo, uno se violenta a sí mismo (…) Paradójicamente la nueva prisión se llama libertad. Se parece a un campo de trabajo forzado, donde uno está prisionero y a la vez es el vigilante» (Han, 2016, p.135).

Los estudios pioneros de Eric Fromm centrados en descubrir los factores del ascenso del nazismo mediante el estudio pormenorizado del carácter que hace posible la dominación autoritaria, fueron expuestos en su obra *Miedo a la libertad*. Allí encontramos los argumentos para comprender la distancia que separa, el carácter del autoritarismo del capitalismo industrial-analógico, de su forma digital en el liberalismo libertario. En el primero, que además coincide con la expansión del imperialismo de entreguerras, se observa como el individuo es presa de contradicción nacida de la modernidad capitalista. En el proceso de secularización e individualización, se siente solo, aislado, desprotegido. Practicar la libertad le resulta una carga. Prefiere inhibirse, a cambio de obtener una seguridad que le permita disminuir la incertidumbre. Impotente y extraviado, no sabe qué hacer con su libertad, tiene miedo. De esta forma, se despoja de la libertad, abrazando un poder que le arrope y brinde seguridad. Fromm, caracteriza el autoritarismo nazi-fascista como: «La anulación del yo individual y el intento de sobreponerse, por este medio, a la intolerable sensación de impotencia (…) El otro aspecto lo hallamos en el intento de convertirse en parte integrante de alguna más grande y más poderosa entidad superior a la persona, sumergiéndose en ella (…) Al trasformase en parte de un poder sentido como inconmovible, fuerte, eterno y fascinador, el individuo participa de su fuerza y de su gloria. Entrega su propio yo y renuncia a toda fuerza y orgullo de su personalidad; pierde su integridad como individuo y se despoja de la libertad; pero gana en seguridad que no tenía y el orgullo de participar en el poder en el que se ha sumergido. También se asegura contra las torturas de la duda. La persona masoquista, tanto cuando se somete a una autoridad exterior como en el caso en que su amo sea una autoridad que se ha incorporado el yo, la conciencia o alguna compulsión psíquica, se salva de la necesidad de tomar decisiones, de asumir la responsabilidad final por el destino del yo y, por lo tanto, de la duda que acompaña la decisión. También se ve aliviado de la duda acerca del sentido de su vida o de quien es el. Tales preguntas hallan contestación en la conexión con el poder con el cual el individuo se ha relacionado» (Fromm, 1977, pp. 180 y sig.).

Esta concepción de Fromm tendrá, en la obra de Theodor Adorno y colaboradores, su continuación. En *La personalidad autoritaria*, el autoritarismo será analizado como una tendencia a asumir situaciones de dominación y sumisión, sadomasoquismo, dado la inseguridad y ansiedad que provoca el ejercicio de la libertad. Se trataba de una propuesta en la cual se pudiese alertar, intuir, la emergencia de regímenes donde el fascismo pudiera desarrollarse y crecer. En definitiva, descubrir «los sujetos potencialmente fascistas, cuya personalidad es tal que le hace receptivo a la propaganda antidemocrática». Los resultados de la investigación, constituyen el punto de inflexión para conceptualizar el grado de vulnerabilidad y la aceptación de sujetos propensos a identificarse con un discurso e ideología antidemocrática. Así, en su investigación, identifican nueve características que darían pie a configurar una estructura psíquica de la personalidad autoritaria y antidemocratica: 1) *convencionalismo*: adhesión rígida a los valores a los valores de la mediana burguesía; 2) *sumisión autoritaria*: aceptación incondicional a las autoridades morales idealizadas del endogrupo; 3) *agresividad autoritaria*: tendencia a buscar, condenar, rechazar y castigar a los sujetos que violan los valores convencionales; 4) *antiintraceptividad*: oposición a lo subjetivo, la reflexión, la introspección y el ejercicio del juicio crítico; 5) *superstición y visión tópica*: creencia en la determinación sobrenatural del destino humano e inclinación a pensar en categorías rígidas; 6) *Poder y fortaleza*: preocupación por la dimensión dominio-sumisión, fuerte-débil, en sus relaciones interpersonales, identificándose con las figuras que representan el poder y valorando en exceso la fuerza y la capacidad de mando; 7) *destructividad y cinismo*: pensamiento hostil y desprecio global hacia el pensamiento humanista; 8) *proyectividad*: dirigir hacia el exterior impulsos emocionales inconscientes en la creencia que el mundo ocurren sucesos desenfrenados y peligrosos; 9) deseo de dominio sexual y personalidad sadomasoquista (Adorno, 2009, pp. 438 y sig.).

Por consiguiente, la personalidad autoritaria forma parte de una razón cultural totalitaria, donde el nazi-fascismo se constituye como referente. El Holocausto sería su máxima expresión en tanto racionalizó la muerte, la tortura, el crimen, deshumanizó e invisibilizó a las víctimas. Así lo expresa Bauman: «Teniendo presente este efecto de invisibilidad de las víctimas, resulta más fácil entender las sucesivas mejoras en la tecnología del Holocausto. En la fase de *Einsatzgruppen*, se llevaba a las víctimas acorraladas frente a las ametralladoras y se las mataba a quemarropa. Aunque se hicieron intentos para mantener las armas a la mayor distancia posible de las fosas a las que iban a caer los asesinados, era sumamente difícil para los que disparaban pasar por alto la relación entre disparar y matar. Por esa razón, los administradores del genocidio decidieron que el método era primitivo y poco eficaz, a la vez que peligroso para la moral de los autores. En consecuencia, buscaron otras técnicas de asesinato, técnicas que separarían ópticamente a los asesinos de las víctimas. La búsqueda tuvo éxito y llevó a la invención de la cámara de gas, las primeras móviles. En un segundo momento, las cámaras se hicieron fijas —las más perfectas que le dio tiempo a inventar a los nazis— reduciendo el papel del asesino al de "oficial de sanidad" que tenía que vaciar un saco de "productos químicos desinfectantes" por la apertura de un tejado de un edificio cuyo interior no se le conminaba a visitar. El éxito técnico y administrativo del Holocausto se debió en parte a la experta utilización de las "pastillas para dormir la moralidad" (…) Los más importantes de todos estos somníferos eran los que producían la invisibilidad natural que adquieren las conexiones causales dentro del sistema complejo de interacciones y el "distanciamiento" de los resultados repugnantes o moralmente repelentes de la acción, hasta el punto de hacerlos invisibles para el actor. Sin embargo, los nazis destacaron especialmente en un tercer método, que tampoco habían inventado ellos pero que perfeccionaron como nunca se había hecho. Este método consistía en hacer invisible la humanidad de las víctimas» (Bauman, 2011, pp.48-49).

Los hornos crematorios del Tercer Reich funcionaron a plena luz del día. Cuando se encendían, el olor a carne humana alcanzaba a los pueblos cercanos, impregnaba todo el espacio. Pero la renuncia a la libertad de forma consentida, hizo que los alemanes corrientes prefirieran taparse la nariz y cerrar los ojos. Se encontraban cómodos, compartían el proyecto vital de dominación. Mientras Hitler fue seña de identidad del pueblo alemán, sus ciudadanos fueron disciplinados, obedientes y sumisos. No se llamaron a engaño. El genocidio fue consentido. La mayoría se apuntó al partido, a sus juventudes y organizaciones de masas, siendo activos difusores de su ideología. «La revolución nazi (…) tuvo dos ideas claves fundamentales que estaban relacionadas: una empresa destructiva, que fue la revuelta total contra la civilización y una empresa constructiva, que consistió en un intento singular de formar un hombre nuevo, un nuevo cuerpo social y un nuevo orden nazificado en Europa y más allá. Era una revolución insólita, porque en la esfera doméstica tuvo lugar, aun a pesar de la represión política de la izquierda en los primeros años, sin coacción y violencia generalizadas. La revolución fue ante todo la trasformación de las conciencias, la inculcación en los alemanes de un nuevo carácter distintivo. En general, fue una revolución pacífica a la que accedió de buen grado el pueblo alemán. En la esfera doméstica, la revolución nazi alemana fue, en su conjunto, consensuada» (Goldhagen, 1988, p.242). No hubo engaño, el pueblo alemán decidió libremente abandonarse a un poder totalitario donde se sentía cómodo y protegido. La personalidad autoritaria era ya una realidad como fuente legitimadora[31] de un orden que renegaba de la democracia, de la dignidad y se deshacía de su conciencia.

Si iniciábamos este capítulo señalando como la transformación del capitalismo analógico al capitalismo digital afecta directamente la manera de adquirir conocimientos y, sobre todo, las formas en las cuales la mente cerebro construye el mundo en el cual habitamos como homo sapiens sapiens, es posible aventurar que asistimos a una transformación de la condición humana. Si Eric Fromm, en *Anatomía de la destructividad humana,* consideró al hombre como el primate que apareció «en el punto de la evolución en que la determinación instintiva había llegado al mínimo y el desarrollo del cerebro al máximo», el control de la mente cerebro se convierte, para el capitalismo digital, en la mejor estrategia para imponer un totalitarismo bajo el dominio de la inteligencia artificial.

Bibliografía

Adorno, T. (2009). Estudios sobre la personalidad autoritaria. En Theodor Adorno, *Escritos Sociológicos II, Vol I.* Akal

Baró, I. (coord.) (1990). *Psicología social de la guerra.* UCA

Bauman, Z. (2011). *Modernidad y Holocausto.* Editorial Sequitur

Carr, N. (2018). *Superficiales ¿Que está haciendo Internet con nuestras mentes?* Ediciones Debolsillo.

Davies, W. (2019). *Estados nerviosos. Cómo las emociones se han adueñado de la sociedad.* Editorial Sextopiso

31 | Un brillante ejemplo la banalidad del mal y del abandono de la sociedad alemana al nazismo es la película *La zona de interés* (2023) dirigida por Jonathan Glazer. (nota de Juan Ramón Rodríguez Fernández).

Grupo ETC (2019). *Tecnofusiones comestibles. Mapa del poder corporativo en la cadena alimentaria.* ETC Group. https://tinyurl.com/y8bwd6k3.

Fromm, E. (1977). *El miedo a la libertad.* Editorial Paidós

Goldhagen, D. J. (1988). *Los verdugos voluntarios de Hitler. Los alemanes corrientes y el holocausto.* Editorial Taurus

Han, B.C. (2014a). *Psicopolítica. Neoliberalismo y nuevas técnicas del poder.* Editorial Herder.

Han, B.C. (2014b). *En el enjambre.* Editorial Herder

Han, B. C. (2016). *Topología de la violencia.* Editorial Herder

Hartmut, R. (2016). *Alienación y aceleración. Hacia una teoría crítica de la temporalidad en la modernidad tardía.* Editorial Katz.

Ippolita (2016). *Ídolos ¿La red es libre y democrática? ¡Falso!* Enclave Libros

Mattelart, A. y Vitalis, A. (2015). *De Orwell al cibercontrol.* Editorial Gedisa.

Maturana, H. y Varela, F. (1990). *El árbol del conocimiento. Las bases biológicas del conocimiento humano.* Editorial Debate

Ribeiro, S. (2020, junio 20). *¿Comida digital? No, Gracias. La Jornada.* https://www.jornada.com.mx/2020/06/20/

Sadin, E. (2017). *La Humanidad aumentada. La administración digital del mundo.* Ediciones Caja Negra

Sadin, E. (2018). *La sicolonización del mundo. La irresistible expansión del liberalismo digital.* Ediciones Caja Negra

Sadin, E. (2020). *La inteligencia artificial o el desafío del siglo. Anatomía de un antihumanismo radical.* Caja Negra

Sadin, E. (2022). *La era del individuo Tirano. El fin de un mundo común.* Ediciones Caja Negra.

Wolin, S. (2008). *Democracia. S.A. La democracia dirigida y el fantasma del totalitarismo invertido.* Editorial Katz.

Claves para combatir el auge del neofascismo

Claves educativas y pedagógicas

Enrique Javier Díez Gutiérrez

1. El neofascismo en la educación

La agenda y la ideología ultra está penetrando también en el sistema educativo. Lenta y sostenidamente. Por eso, este capítulo pretende acercarse a dos aspectos cruciales para una pedagogía antifascista: detectar y prevenir el fascismo desde la escuela y afrontarlo y combatirlo en la educación. Necesitamos tener claves para entender, analizar y deconstruir el discurso del neofascismo neoliberal que se infiltra en la escuela y en la sociedad. No solo aquel discurso obvio y claramente provocador ligado a los modelos más conservadores y arcaicos, sino también aquel más sutil y naturalizado, más ligado a los relatos de la "libertad", la competencia, el éxito, el esfuerzo, la autoridad, el control o la vigilancia, vinculado a la ideología neoliberal, base del actual neofascismo. Y no solo ser capaces de detectarlo, sino también de tener estrategias y herramientas para afrontarlo y combatirlo.

La comunidad educativa no puede permanecer ajena. La educación puede ser un antídoto que permite la comprensión de los valores y los derechos humanos más allá del egoísmo, el miedo y el odio que siembra y expande esa peste. Hay que educar en la igualdad, en la inclusión, en la justicia social y en los derechos humanos desde una pedagogía claramente antifascista. Sin concesiones ni medias tintas. Debemos implicarnos de una forma clara y sin ambages para combatir el neofascismo. No se puede ser demócrata sin ser antifascista.

1.1 Las obsesiones del neofascismo en la educación

Actualmente, el neofascismo ha declarado una guerra judicial (*lawfare*) contra el sistema educativo, con el denominado "pin parental" para perseguir y denunciar al profesorado y los centros que educan en derechos humanos, en valores democráticos o en igualdad, que combaten la homofobia, el racismo o la desigualdad social. Para el neofascismo actual todo lo que no es su ideología es adoctrinamiento; todo lo que no sea adoctrinar en su "credo", lo tacha de tal: acusar a los demás de lo que ellos practican. No admiten una sociedad democrática, plural y tolerante. Su estrategia es utilizar la educación para imponer una mentalidad única, para volver al blanco y negro del nodo franquista. Es su discurso del odio trasladado a la educación.

En pleno siglo XXI trata también de reinstaurar en el sistema educativo el patrioterismo militar, en el que exigen educar a las futuras generaciones. Vinculado a la exaltación de los símbolos de la "nación" (que se apropian en exclusividad) y a una imagen profundamente patriarcal e hipermasculinizada, recuperando la figura paródica del "macho ibérico" como referente ancestral de ese modelo. En el marco discursivo del neofascismo no existen los grandes problemas de nuestro tiempo (la emergencia climática, las desigualdades sociales o la crisis de las democracias representativas), sino enemigos de la patria a los que hay que combatir "con orgullo y gallardía" y rearmarse para ello, como si la guerra fuera un juego para lucirse y mostrar lo que es un "hombre de verdad".

Vemos como proliferan campamentos de verano para formar "niños soldados" (desde siete años) donde veteranos del ejército, de la Guardia Civil y militares profesionales les dan instrucción militar y les enseñan a disparar con armas simuladas (en países como Estados Unidos utilizan armas reales). Imponen instrucción militar como forma de ocio y aprendizaje. Los campamentos se denominan "Gran Capitán", "Don Pelayo", "Tercios de Lezo" o "Millán Astray". Forman, según sus mandos militares, en valores patrióticos, «honor», «amor a la patria y a nuestra bandera», «espíritu de sacrificio» y disciplina, en vez de estar aprendiendo educación para la paz. Visten uniforme del ejército, se llaman cadetes, se organizan en compañías a las órdenes de un oficial y se saludan militarmente. Menores de edad adiestrados en tiro y combate con monitores que han sido candidatos por el grupo ultraderechista Vox (González, 2020).

Pero vemos también cómo desde los Ministerios de Defensa y Educación se diseñan unidades didácticas para introducir en el temario escolar la seguridad y la «defensa nacional» con el fin de «rehabilitar la imagen del ejército, promover la vida del rey como referente y poner en valor los desfiles militares». Sus contenidos incluyen el pasodoble *La banderita* (ligado a la matanza colonial en Marruecos) para

menores desde seis años, con el fin de fomentar el «sentimiento patrió-
tico», buscando identificar patria con ejército. Actividades en las que
el alumnado tiene que marcar el compás de este pasodoble formando
una bandera de España en el patio escolar. Otra actividad pide cantar
el himno de la Armada cuya letra dice «hay que morir o triunfar, que
nos enseña la Historia en Lepanto, la Victoria y la muerte en Trafalgar».

Otra de las obsesiones recurrentes del neofascismo es utilizar el
sistema educativo para educar en la insensibilidad ante el maltrato
animal impulsando valores ligados a la caza y la tauromaquia, vinculadas a la representación mítica de un pasado tradicional donde se
"formaba" a los "hombres de verdad" mediante prácticas ligadas a la
violencia con los animales o con otros seres humanos (mili, guerra).
Justamente cuando la sociedad está mostrando una oposición mayoritaria al maltrato animal, es cuando proponen ciclos de Formación
profesional de tauromaquia para ser torero, donde los criterios de
evaluación incluirían la «eficacia y pureza en la suerte de matar», con
«encierros didácticos» para menores y campus taurinos.

Una cuarta obsesión del neofascismo es enterrar y ocultar el pasado
tratando de borrar la memoria colectiva de la devastación humana y
los genocidios que sufrió el mundo con la aparición del fascismo. Vox
ha denunciado, junto al grupo de los Conservadores del Parlamento
Europeo, que la memoria histórica es una amenaza para la paz en
Europa y «un atropello a las libertades» y que no llegará a las aulas. De
hecho, afirman que «no tiene sentido condenar el franquismo porque
somos herederos». Mientras que otras democracias, como la italiana
o la francesa, se fundaron sobre el paradigma del antifascismo tras el
genocidio nazi, la española lo ha hecho sobre el de la «superación» y
el «olvido» del pasado franquista, lo cual ha permitido blanquear el
fascismo y que ahora resurja con toda su fuerza.

Una quinta obsesión del neofascismo es la «ideología de género» y
las «feminazis», como denominan a las mujeres y jóvenes que luchan
por la igualdad entre hombres y mujeres. La vicesecretaria de VOX
pedía recientemente que la costura fuera una asignatura alegando
que «empodera mucho coser un botón», mientras que denunciaba
que «el feminismo es cáncer» y aseguraba estar preocupada por lo
que denomina el «lesboterrorismo» feminista. Era su respuesta ante
la propuesta de medidas para combatir los estereotipos sexistas en la
escuela, que calificó de «tontadas» y «majaderías ideológicas».

Sin olvidar el discurso de odio y la exacerbación del racismo que impulsa el neofascismo buscando enfrentar a la población entre un "nosotros" y un "otro". De tal forma que se polaricen emocionalmente las tensiones, en las que ellos se suben a la cresta de la ola porque saben que entonces ya no hay debate ni argumentos, sino la confrontación primitiva y elemental en la que tienen abonado el terreno.

Y el ecofascismo: Marine Le Pen, líder de la ultraderecha francesa, no dice, como hacía su padre, que gracias al calentamiento global «no nos congelaremos». Ella habla de proteger el entorno... de los inmigrantes. Este nuevo ecofascismo une medio ambiente y xenofobia, argumentando que la sociedad funciona con leyes como la naturaleza y enferma cuando se ve atacada por la entrada de agentes externos. Por lo que hay que defenderla de los inmigrantes, que ella considera microorganismos patógenos que atacan la salud de las sociedades occidentales, mediante las fronteras que serían las vacunas contra esa "enfermedad". Esta ideología invade en buena parte el "currículum" que sigue promoviendo modelos de productividad y éxito social ligados a un desarrollismo y a un crecimiento sin límites.

También se extiende en educación el *greenwashing* o lavado de cara de organizaciones supuestamente "verdes" y fundaciones y empresas se introducen en colegios, institutos o universidades con iniciativas "medioambientales" enfocadas en conductas de reciclaje individual, pero obviando la responsabilidad de las grandes industrias y los intereses multinacionales que provocan el grueso del colapso climático. Actualmente, el ecofascismo ha dado una vuelta de tuerca más y abandera una especie de "patriotismo verde", que exige enérgicamente la conservación ambiental mediante la "solución" del control de la población, para garantizar a los más ricos el ritmo de vida y privilegios que han llevado hasta ahora.

1.2 El neoliberalismo autoritario: la pedagogía del egoísmo meritocrático

Un epígrafe aparte merece el «neoliberalismo autoritario«, la ideología que está en la raíz del nuevo neofascismo, uniendo fascismo y neoliberalismo y que penetra de una forma constante, sutil y difusa en la educación, consolidando una racionalidad dominante individualista, consumista y competitiva donde el deseo que se anhela es ser parte del sistema capitalista y las víctimas son culpabilizadas de su fracaso (Díez-Gutiérrez, 2018).

Recuerdo una reciente anécdota significativa. Participábamos en una concentración contra la explotación laboral de estudiantes universitarios. Estaban trabajando como mano de obra gratuita, aunque disfrazada de actividad extracurricular, formación y certificación de experiencia, para suplir la falta de personal en el hospital veterinario de la Universidad a pesar de que la jurisprudencia viene reconociendo que no se pueden cubrir puestos de trabajo sin percibir una retribución por el trabajo que se realiza. Porque todo trabajo tiene que tener un salario.

Pero lo que más nos sorprendió fue la reacción de algunos de los estudiantes que obtuvieron una de estas plazas cuando quisimos conocer su opinión. Nos contestaron que no lo percibían como una explotación y, en todo caso, defendían su derecho a elegir libremente ser explotados. Es más, nos recriminaban a quienes nos manifestábamos defendiendo sus derechos, porque «estábamos conculcando su derecho a elegir libre y voluntariamente ser explotados».

Como plantea el filósofo coreano Byung-Chul Han, aludiendo al análisis del teórico marxista Antonio Gramsci (1981), la eficiencia del actual sistema reposa fundamentalmente en el proceso de interiorización colectiva que asume ampliamente la lógica del mismo, que se adhiere "libremente" a lo que se le induce a creer. Lo que el capitalismo se dio cuenta en la era neoliberal, argumenta Han (2014), es que no necesitaba ser duro, sino seductor. La explotación ya no se tiene que imponer, nos la autoimponemos y la defendemos sintiéndonos libres.

Este modelo corroe el carácter, nos educa en la pedagogía del egoísmo y la insolidaridad radical. La ideología del éxito, de la persona "que no le debe nada a nadie", genera la desconfianza, incluso el resentimiento o el odio hacia los pobres que son perezosos, hacia los viejos que son improductivos y una carga, hacia los inmigrantes que quitan el trabajo o hacia quienes fracasan en la escuela que ocupan el tiempo y atención del profesorado. Cuanto más nos concebimos como seres hechos a nosotros mismos y autosuficientes, más difícil nos resulta aprender solidaridad y generosidad. Y, sin estos dos sentimientos, cuesta mucho preocuparse por el bien común. Pero esto también tiene un efecto *boomerang*, dado que cada cual siente la amenaza de volverse algún día ineficaz e inútil como "ellos".

Como bálsamo frente a este darwinismo competitivo se promociona la "psicología positiva", el coaching y los libros de autoayuda. Nos animan a "salir de nuestra zona de confort" (expresión tópica donde las haya) e interpretar nuestras dificultades como una oportunidad de realización personal, porque "si lo crees, lo creas". Como si el paro, la enfermedad o la exclusión pudieran esfumarse haciendo un pequeño esfuerzo de reelaboración emocional y gestión personal. Porque "el problema de fondo es de actitud personal ante los problemas".

En un panorama laboral y social fragmentado y competitivo, con una precariedad que mantiene al borde del precipicio, la industria de la automotivación junto con el consumo de psicofármacos, hace hoy la función de lo que ayer era el capataz que vigilaba el destajo en la fábrica. Estamos ante la revolución de una nueva moral que asegura "el problema está en ti y no en el sistema".

Dentro de este marco es necesario abordar la educación meritocrática. Ese ideal de la meritocracia que anima en escapar y escalar, manteniendo el sistema injusto, pero buscando estar colocados en la parte de arriba y que ha convertido a buena parte de la sociedad en esa "clase aspiracional" siempre insatisfecha y anhelante, en constante competición y búsqueda de mayores rendimientos.

El neofascismo utiliza la ideología meritocrática como una reformulación refinada de su programa elitista. En vez de justificar sin más las desigualdades, defiende los privilegios de las élites por sus superiores méritos intelectuales o morales. El "truco" está en que la meritocracia ofrece posibilidades de ascenso, en teoría, a cualquiera que tenga el talento de aprovecharlas, aunque se constate que la movilidad social no ha socavado nunca la influencia y el poder de las élites. En realidad, contribuye a intensificar su influencia justificando la situación de las clases altas como un premio justo a su supuesto talento (Rendueles, 2020).

Pero la meritocracia se basa en una mentira: la presunción de que todos y todas partimos de una línea de salida igualada hacia la culminación de un destino marcado por nuestros "dones" naturales, como en los cuentos populares, los mitos clásicos y las películas de Disney. Niegan las brechas sociales, económicas o de sexo afirmando que la desigualdad no es una cuestión de poder y organización política y social. Insisten en que el talento se abre paso por sí solo. Que da lo mismo el sexo, el color de piel o la clase social.

Sin embargo, las investigaciones concluyen que las ventajas familiares son muy persistentes en el nivel de renta al que se llega y que, como mínimo, el 45% de la desigualdad se explica por factores no elegidos: la educación y el capital cultural familiar, el tipo de escuela al que se acude y las redes de contactos que se establecen en ellos, relacionadas con la clase social (Cabrera et al., 2020). Quienes nacen en familias pobres tienden a seguir siendo pobres al llegar a adultos y la mayor parte de los estudiantes de las universidades de élite estadounidense proceden de hogares de élite, fruto en gran medida de la llamada "puerta de atrás": donaciones, tradición familiar, relaciones… (Sandel, 2020).

En el terreno educativo se está produciendo el mismo fenómeno. Se está reafirmando la idea de que ya existe igualdad de oportunidades, por lo que las diferencias de logro educativo deben atribuirse tan sólo al esfuerzo y a las capacidades individuales. Las reformas educativas adoptan la narrativa meritocrática, la cual justifica que las disparidades sociales no suponen ningún escollo, siempre que la persona tenga oportunidades de progresar socialmente en función del mérito y el talento suficiente. Resurgen así el talento y el esfuerzo, como "credos" al servicio de esta reconversión ideológica. Detrás de esta promoción insistente del talento no hay sino la naturalización de las desigualdades en educación, el encumbramiento de la ideología del esfuerzo, que vendrían a decirnos que los resultados escolares son fruto exclusivo del mérito de cada uno de los alumnos, es decir, de sus aptitudes más o menos innatas, y del tiempo y los codos que hayan puesto para salir bien posicionados en los exámenes (Besalú, 2018).

Esta ideología meritocrática no solo reproduce las pautas de desigualdad social imperantes, sino que opera como una ideología que, además de reciclar tales condiciones, enmascara los mecanismos de reproducción de las desigualdades sociales en la escuela bajo el velo de la igualdad de oportunidades. De hecho, las investigaciones demuestran reiteradamente que el nivel de estudios de los progenitores determina notablemente el que acaban logrando sus hijos e hijas: el 45% de quienes tienen familias en el peldaño más bajo del sistema educativo se quedan en el mismo nivel y no progresan en el ámbito académico, según el Informe de 2021 del Alto Comisionado contra la Pobreza Infantil en España. El 49% del alumnado que pertenece al primer cuartil más pobre del Estado español ha repetido algún curso al acabar la ESO, indica este informe.

Sin embargo, la idea de que las personas deben tener la capacidad de ascender "hasta donde su talento y su esfuerzo las lleven" es tan común en todo discurso educativo que raya en el tópico. Apenas si suscita controversia y prácticamente nadie la cuestiona. De esta forma, la responsabilidad de construir condiciones de "mérito" para participar en la distribución de opciones se hace recaer en el sujeto como tal, lo que libera al sistema educativo de su condición de instrumento que perpetúa, con sistemática eficacia, dichas pautas. En este sentido, la meritocracia no es sólo un mecanismo sino una ideología. Obliga a releer los problemas sociales, como el fracaso escolar, en términos de comportamientos individuales, de oportunidades y esfuerzos personales.

En general, explica Sandel (2020), cuando la gente se queja de la meritocracia, suele hacerlo no porque esté en contra, sino porque cree que se está llevando a la práctica incorrectamente, que el sistema está amañado para perpetuar los privilegios de los ricos y los poderosos. Que se trata de un ideal que está pervertido. Pero ¿y si el verdadero problema no es que no se puede asegurar una meritocracia justa, sino que el ideal es defectuoso en sí mismo, un proyecto político vacío que evidencia una concepción empobrecida de la ciudadanía y la libertad?, se pregunta.

2. Pedagogías "radicales" para combatir el neofascismo en las aulas

Frente a todo ello es necesario articular propuestas y estrategias para combatir este neofascismo en las aulas, en el centro, en la comunidad, pero también en las políticas educativas. Como sociedad, como comunidad educativa y como personas y ciudadanía consciente debemos implicarnos de una forma clara y sin ambages para combatir el neofascismo, porque, insisto una vez más, no se puede ser demócrata sin ser antifascista.

Debemos recoger la experiencia y las estrategias que están desarrollando las comunidades educativas, el profesorado, los movimientos de renovación pedagógica, las mareas verdes, la experiencia práctica que se está aplicando en muchos sitios y en muchos centros, que proviene, a su vez, de grandes pedagogos y pedagogas que a lo largo de nuestra historia han propuesto las auténticas revoluciones en educación: Freire, Rosa Sensat, Freinet, Dewey, Montessori y tantos otros y otras que nos permite decir en educación, como dijo Newton, «caminamos a hombros de gigantes».

Planteo la necesidad de impulsar pedagogías radicales, es decir, que vayan a las raíces del problema y aborden de forma clara y decidida lo que parece que no se quiere plantear en las aulas. Como si educáramos para aprobar exámenes y no para la vida. La escuela no puede permanecer ajena al contexto social, político y global que la rodea.

Nos tenemos que preguntar cómo es posible que, tras haber pasado por nuestras aulas durante al menos diez años la mayor parte de la población española, más de tres millones y medio de personas hayan votado por un partido que representa los principios del neofascismo con todas las consecuencias que hemos analizado.

La educación es una cuestión de valores, es decir, política y democrática. La educación y las políticas educativas neutras no existen, ya que siempre se realizan desde unos parámetros y con unos u otros objetivos: sea la lógica economicista de la competitividad de la OCDE o la lógica del bien común y la liberación de Paulo Freire. La educación es una práctica moral y política sobre cómo podríamos construir el modelo de sociedad que queremos. Todo currículum y la pedagogía que lo sustenta son una versión de nuestros propios sueños para nosotros mismos y nuestras comunidades. Por eso es crucial replantearse el para qué de la educación y, en función de esto, qué tipo de educación estamos ofreciendo a las futuras generacionales.

2.1 Pedagogía crítica

Una pedagogía crítica frente al adoctrinamiento, que potencie una escuela pública y una educación crítica que faciliten la autonomía progresiva del pensamiento de nuestro alumnado, para que sea capaz de afrontar con éxito cualquier adoctrinamiento y, sobre todo, el proveniente de quien controla el poder y que se afana por mantener un sistema educativo "monoideológico", es decir, con una sola ideología. La pedagogía crítica entiende que la educación es una forma de intervención política en el mundo y es capaz de crear las posibilidades para la transformación social con el fin de ampliar y profundizar los imperativos de la democracia económica, social y política que vaya más allá de la lógica economicista de la competitividad de la OCDE y avance hacia la lógica del bien común y la liberación de la que hablaba

Paulo Freire. La escuela pública es la única que garantiza esta pluralidad ideológica crítica, dado que la privada obedece a un ideario ideológico determinado establecido por los dueños de la misma.

2.2 Pedagogía de los derechos humanos

Es necesario que los derechos humanos sean parte del currículum de todo centro educativo, así como comprender y analizar las estrategias que se han de utilizar para hacerlos universales (desde la renta básica universal al empleo garantizado, desde los impuestos progresivos y los servicios públicos hasta el conocimiento libre), puesto que los derechos humanos plasman lo que puede considerarse como la imagen de una vida humana digna y deben tener categoría de ley fundamental y marco de referencia de la organización y funcionamiento de toda la sociedad. Pero… todos los derechos humanos.

Tanto los derechos de primera generación, que abarcan los derechos civiles y políticos y que consagran las así llamadas libertades fundamentales —el derecho a la vida, la libertad de movimiento, de expresión o de reunión—, como los de las siguientes generaciones. Especialmente, los derechos de segunda generación, es decir, los Derechos Económicos, Sociales y Culturales, que tienen como objetivo fundamental garantizar el bienestar económico, el acceso al trabajo, la educación, la sanidad, los servicios sociales y públicos y a la cultura, de tal forma que aseguren el desarrollo de los seres humanos y de los pueblos a vivir con dignidad una buena vida.

También es necesario incluir el conocimiento, comprensión y defensa activa en los centros educativos de los derechos de tercera generación. Los derechos de los pueblos y de la solidaridad para garantizar la convivencia de la humanidad considerada globalmente, como el derecho a la paz, a la justicia internacional, al entorno medioambiental, al patrimonio común de la humanidad y el derecho a un desarrollo económico y social sustentable y progresivamente decreciente, superando el capitalismo depredador. También los derechos de cuarta generación de los que depende la concreción de una sociedad plural y democrática, como el derecho a la democracia, el derecho a la información veraz, el derecho a la soberanía digital y a la seguridad digital, y el derecho al pluralismo. E incluso los derechos humanos de quinta generación, que implican la superación del paradigma antropocéntrico avanzando hacia el biocentrismo o el ecocentrismo, dejando atrás el marco del ser humano como centro de todas las especies y del planeta para aprender a convivir de forma respetuosa con otros seres vivos. Pues somos seres no solo interdependientes sino ecodependientes. Esta concepción está en abierta oposición al neofascismo, que exalta el maltrato y la tortura de toros en plazas públicas, alegando que esta barbarie es una "tradición nacional". En España se persigue el maltrato animal, siempre y cuando se dé fuera de las plazas de toros o no forme parte de algún acto religioso.

2.3 Pedagogía laica

Es necesario dejar la Edad Media Educativa y avanzar al siglo XXI. Y no me refiero a las tecnologías digitales, sino a algo tan esencial como es una educación que respete la libertad de conciencia de los menores en la escuela y garantice la convivencia educativa y social entre quienes pueden no tener las mismas convicciones.

La laicidad de las instituciones públicas es la mejor garantía para una convivencia plural en la que todas las personas sean acogidas en igualdad de condiciones, sin privilegios ni discriminaciones. Tanto las católicas como las musulmanas, las ateas, las agnósticas o las protestantes, etcétera.

Todas las religiones, incluida la católica, deben ocupar el lugar que les corresponde en democracia: la sociedad civil, no la escuela; que debe quedar libre de cualquier proselitismo religioso. El espacio adecuado para cultivar la fe en una sociedad en la que hay libertad religiosa son los lugares de culto: parroquias, mezquitas, sinagogas u otros. Y una condición básica para ello es la ruptura del acuerdo con un estado extranjero (Vaticano) que sigue imponiendo en pleno siglo XXI al Estado español cómo educar a las jóvenes generaciones de nuestro país.

La escuela ha de ser laica para ser de todos y todas, para que en ella todas las personas nos reconozcamos, al margen de cuáles sean nuestras creencias, que son un asunto privado. Por eso, la religión no debe formar parte del currículo. No por motivos antirreligiosos, sino desde un planteamiento pedagógico y social beneficioso para el desarrollo de la racionalidad del menor de edad, de su independencia y autonomía personal, para la que debe ser educado libremente sin que le enseñen creencias que predispongan su mente a comportamientos o dogmas que condicionen su personalidad desde la infancia.

2.4 Pedagogía de la memoria y la verdad

Debemos impulsar una educación de la memoria que evite la amnesia histórica, el memoricidio que se ha impuesto en España sobre la represión de la dictadura franquista y la lucha antifranquista. El neofascismo se opone virulentamente a esta pedagogía de la memoria en la escuela, intentando que la sociedad olvide los genocidios y la barbarie que ha supuesto el fascismo y las dictaduras que lo implantaron, así como tratando de ocultar la memoria antifascista tan importante que existe y ha existido en España (Finchelstein, 2019).

Debemos tomar ejemplo de otros países. En Alemania, Inglaterra, Italia, Francia, Argentina o Polonia, esta temática se aborda de forma sistemática en las clases de Historia y se visitan regularmente los lugares de la memoria. Es decir, en otros países no pasa lo que lleva sucediendo tanto tiempo en España. De hecho, hasta la ONU, en 2014 y en 2020, insiste en pedir al Estado español avances en esta materia y reiteraba la necesidad de avanzar en el derecho a la verdad, justicia, reparación y garantías de no repetición.

Conocer la verdad es, según la ONU, un derecho inalienable de los pueblos. No olvidemos que las dictaduras utilizan el olvido para imponer su visión de la historia. Es la democracia la garante y responsable del recuerdo y la memoria que se lega a las futuras generaciones. Si un solo alumno o una alumna acaba el período de educación obligatoria sin conocer esto, es una tragedia en pleno siglo XXI. No se puede construir un futuro con un pasado basado en la impunidad.

2.5 Pedagogía feminista

Es necesario un sistema educativo que aborde de forma integral la perspectiva de la igualdad entre hombres y mujeres, que combata el discurso antifeminista del neofascismo y el relato victimista del neomachismo que se refugia en una "masculinidad tradicional agraviada" ante los cambios y la pérdida de privilegios que conlleva el avance en igualdad. Siempre poniendo la mirada en la cultura patriarcal como sustrato esencial de esta violencia y en la educación como uno de los puntales esenciales para el cambio.

Es necesario igualmente educar en otras masculinidades igualitarias con el propio ejemplo del profesorado y de la comunidad educativa. Debemos enseñar a los chicos a construir identidades no articuladas en torno a la violencia, la dominación, la arrogancia, la imposición, la fuerza o la pedagogía de la crueldad características de la masculinidad tradicional tóxica. Y, simultáneamente, aprender a reconstruirnos en relación con aquellos aspectos que precisamente se nos han negado en la educación tradicional masculina y son positivos para el crecimiento y desarrollo vital y social: la corresponsabilidad, los cuidados, la expresión de las emociones, el cuestionamiento de los roles y estereotipos sexistas, etcétera.

2.6 Pedagogía del apoyo mutuo

Planteo impulsar una Pedagogía del Apoyo Mutuo que permita repensar la vida desde la cooperación y la solidaridad, pues como han demostrado filósofos como Kropotkin (2016) o biólogas tan prestigiosas como Lynn Margulis Sagan (1967) el apoyo mutuo, la cooperación, los mecanismos de solidaridad, el cuidado del otro y el compartir recursos son el fundamento de la evolución como especie del ser humano, echando por tierra el paradigma de que la evolución es producto de una selección natural a través de la competencia feroz entre individuos en la que "sobrevive el más apto", que fue promovido por Spencer y el darwinismo social, a partir de *El origen de las especies* de Charles Darwin.

2.7 Pedagogía de la inclusión

Abogo por avanzar radicalmente en la pedagogía de la inclusión que vaya más allá de la integración y exige reformar las escuelas de modo que puedan responder positivamente a toda la diversidad del alumnado; para lo cual es necesario también voluntad política y normativa para establecer los medios para ello: ratios de alumnado en las aulas mucho menores que las actuales en todos los niveles educativos (15 en segundo ciclo de infantil, como establece la UE y 20 en educación obligatoria) e integración de otros profesionales de la educación y de la acción social que colaboren con la escuela: mediadores interculturales, profesionales de la educación social, animadores sociocomunitarios, etcétera.

2.8 Pedagogía de lo esencial

Lo cual exige a su vez una pedagogía de lo esencial que priorice un currículum de saberes fundamentales y vinculados con la vida. La escuela no puede ser solamente un espacio en el que se transmiten contenidos académicos vitalmente indiferentes, que se aprenden para aprobar los exámenes y se olvidan después, y que orienta esos contenidos en función de la preparación para el futuro mercado laboral. ¿Es crucial que un estudiante de 12 años sepa que en la conferencia de Berlín de 1885 se decidió el reparto colonial de África o que las células eucarióticas tienen un aparato de Golgi? ¿A quién le puede interesar que 'Julia y Soraya se peinan el cabello' sea una oración recíproca indirecta salvo a ellas?, nos preguntamos.

¿Y si empezamos por analizar el presente para comprender el pasado? por ejemplo en Historia. ¿Y si comenzamos la Historia de España por la historia reciente, y la cercana dictadura, la represión franquista y la lucha antifranquista, a la que no se suele llegar o se pasa casi de puntillas, en vez de volver, una y otra vez, a empezar por la prehistoria o el principio del temario? ¿Y si convertimos las asignaturas en los problemas esenciales y desafiantes actuales para, en torno a ellos, articular los aprendizajes instrumentales? Si en vez de Lengua, Matemáticas, Conocimiento del Medio, Música, Educación Física, etcétera, transformamos en asignaturas la Ecología, la Convivencia, la Igualdad, la Justicia, la Interculturalidad, la Salud y Calidad de vida, los Afectos y la Sexualidad Integral, el Cuidado del otro, la Ciudadanía, la Cooperación, la Solidaridad, el Consumo Responsable, etcétera, como proponían ya en los años 90 algunos movimientos de renovación pedagógica, mediante una metodología de proyectos y trabajo cooperativo desde un planteamiento globalizador e interdisciplinar que conecte las escuelas con la realidad cotidiana y los problemas sociales de su alumnado. ¿Y en torno a estas "asignaturas" o materias desarrollamos los aprendizajes instrumentales de la lengua, las matemáticas, la música, etcétera? Aprendizajes instrumentales que tendrían sentido, que serían funcionales y servirían realmente, no tanto para pasar un examen y olvidarse luego, sino para "saber enfrentarse al mundo, comprenderlo y actuar en él construyendo ciudadanía", que es la finalidad esencial de la educación.

2.9 Pedagogía de la evaluación democrática
Que trabaje desde la pedagogía del error, donde el error se convierta en una oportunidad de aprendizaje y no únicamente en una ocasión para ser sancionado o calificado negativamente. Una oportunidad para explicar cuál ha sido el fallo y enseñar alternativas que ayuden

a comprender esas dificultades y abrir nuevas formas de abordar los problemas, superando los problemas detectados.

Una pedagogía que enfoque la evaluación como forma de mejora de todo el sistema educativo. ¿Es posible educar sin exámenes? Frente a la evaluación reducida a exámenes, como forma de control y aprendizaje a través de la presión y el disciplinamiento, hemos de recuperar su sentido original como una herramienta de mejora. La evaluación es un proceso integral cuya finalidad es dar información a todos los participantes en el proceso educativo (al alumnado, por supuesto, pero también al profesorado, a la comunidad educativa y a la administración educativa) que les ayude a mejorar todo el proceso de enseñanza y de aprendizaje.

Debemos salir del "régimen PISA"[32], que se ha convertido en un inmenso dispositivo de control que está imponiendo un "gobierno en la distancia" sobre las escuelas presionándolas para que se ajusten a una carrera competitiva al servicio de los resultados exigidos externamente por los organismos económicos que patrocinan estas evaluaciones estandarizadas. Cambiando también las prioridades del profesorado, que se ve obligado a centrarse en buscar la forma de obtener resultados en esas pruebas estandarizadas, dedicando el tiempo a preparar lo que le piden en las pruebas. El imaginario es que buen centro y el buen docente comienza a ser el que genera buenos resultados conforme PISA, reduciendo la imaginación colectiva en torno a lo que es o debería ser la educación, transformando el deseo de aprender en afán por aprobar.

2.10 Pedagogía digital crítica
Una pedagogía digital crítica que recupere nuestra soberanía digital actualmente en manos de las GAFAM (Google, Amazon, Facebook, Apple y Microsoft) que han conquistado, colonizado, controlado y "monetizado" los canales de comunicación pública horizontales que usa la ciudadanía dejando en manos de estos nuevos terratenientes neofeudales nuestra soberanía digital, un bien común y esencial. Han convertido los centros en fuente de extracción y recopilación de información y datos, de tendencias y deseos, registrando la actividad de cada alumno y alumna para educar y fidelizar a la futura generación

---

32 | Se refiere al Programa para la Evaluación Internacional de los Estudiantes o Informe PISA, que impulsa la OCDE. (Nota de la editorial)

de consumidores y sobre los que aseguradoras y financieras tendrán fuentes fiables para especular y apostar sobre sus perspectivas futuras. Este es el nuevo "oro blanco" del siglo XXI, una "mercancía" prácticamente inagotable en un sistema basado en la escolarización obligatoria.

2.11 Pedagogía lenta

Una pedagogía lenta que permita una enseñanza pausada que desacelere los ritmos escolares y vitales estresados en que vivimos para trabajar más reposadamente, más profundamente, destinando tiempo a la reflexión, a la contemplación, al disfrute, a la relación, pudiendo llevar a cabo una auténtica "educación lenta y serena" que cuestione la cultura de la cantidad y de la acumulación, que permita encontrar sentido en lo que se hace en las clases y que involucre realmente al alumnado en el aprendizaje. Pasar de hacerlo porque toca, a aprendizajes que transformen por dentro porque impactan, de esos que servirán para toda la vida.

2.12 Pedagogía intercultural, antirracista y decolonial

Al igual que debemos avanzar en una pedagogía intercultural y antirracista que eduque para una ciudadanía mundial sin exclusiones y que considere la diferencia cultural como un valor. Así como en una pedagogía decolonial insumisa, que tiene sus antecedentes en las ideas de Frantz Fanon y Paulo Freire, una educación otra que descolonice el saber y redimensione las distintas expresiones culturales, sociales y filosóficas no noroccidentales que analice y plantee cómo desarrollar condiciones justas para todos los pueblos con profunda igualdad y equidad, garantizando un espacio propicio para el respeto y, sobre todo, la valoración de lo diferente desde el reconocimiento, la inclusión y la afirmación del "otro" en cuanto sujeto social que, como tal, exige sea reconocido, incluido, escuchado y valorado. Esta pedagogía no solo pretende desenmascarar los planteamientos hegemónicos del discurso occidental, sino que también auspicia la praxis transformadora e insurgente por parte de quienes anhelan una sociedad "otra" del ancestral "buen vivir", como propone Catherine Walsh (2013).

2.13 Pedagogía de la justicia social

Hemos de impulsar también una pedagogía para educar en la igualdad y la justicia social, que permita pasar del modelo de objetivos del desarrollo basado en "pobreza 0" al objetivo de "riqueza 0". Así de radical. Así de anticapitalista. Así de concreto.

La desigualdad no es natural. Es actualmente una consecuencia de un modelo económico y social, el capitalismo. Debemos erradicar la desigualdad no solo por principios éticos y derechos humanos, sino porque en las sociedades más desiguales hay peor salud, menor esperanza de vida y mayores índices de mortalidad infantil, de enfermedad mental, de obesidad y consumo de drogas ilegales, más gente en la cárcel, menos asociacionismo, más fracaso escolar, más embarazos adolescentes, mucha menos movilidad social, es mucho más frecuente el acoso escolar, los niños tienen menor disposición a estudiar con otros, debilita la vida comunitaria, reduce la confianza e incrementa la violencia.

La desigualdad, literalmente, mata, y su reducción, por el contrario, es un potente nivelador del bienestar psicológico de la especie y la mejor manera de mejorar la calidad de vida de todos nosotros y de nuestro entorno social (Wilkinson y Pickett, 2009).

El capitalismo es la principal fuente de desigualdad material en nuestras sociedades. Las demás causas de la desigualdad, el género, el origen cultural, la diversidad funcional..., están íntimamente entrelazadas con este modo de interacción social, el mercado, basado en el intento de buscar ventaja a costa de los demás. No basta con mejorar las condiciones en las que accedemos al juego mercantil, ni siquiera basta con modificar las reglas del juego: hay que cambiar de juego porque hay una incompatibilidad fundamental entre igualdad democrática y capitalismo, máxime cuando la elección ahora es entre vida y capitalismo.

Elegir el capitalismo no es ya sólo ponerse del lado de la desigualdad y del privilegio. Hoy es, lisa y llanamente, elegir un suicidio colectivo a cámara lenta. El proyecto igualitario es lo que nos compromete con un proyecto de vida buena para todos y todas, nuestra obligación de compartir con nuestros iguales. Las responsabilidades compartidas que estamos dispuestos a asumir colectivamente para contribuir al bien común, aplicando el clásico lema «de cada cual según sus capacidades, a cada cual según sus necesidades». Debemos educar para la igualdad en este sentido.

Se trata de educar para un mundo donde no sea posible concebir la desigualdad como admisible y donde todos los esfuerzos del conocimiento y del avance de la ciencia humana se centren en avanzar hacia un modelo social donde se conciba el buen vivir asentado sobre la premisa de la igualdad de los seres humanos como meta básica. No es igual aprender y enseñar para repetir un mundo, que aprender y enseñar cuando se tiene la motivación de cambiarlo.

2.14 Pedagogía ecosocial del decrecimiento

«¡Sin planeta, no hay futuro!», «¡Ni un grado más, ni una especie menos!», gritan los jóvenes en las manifestaciones contra el cambio climático, el agotamiento de los recursos y el deterioro de las condiciones de vida en la Tierra. Su futuro y el del planeta que heredarán está en juego. Nos va la vida y el futuro en ello. Es necesario abrir un debate sobre nuestro modelo de vida y empezar a buscar alternativas. Para ello debemos descolonizar y reeducar el imaginario dominante anclado en el desarrollo sin límites. Para aprender a cubrir las necesidades propias y comunitarias de la sociedad sin comprometer la expansión de la vida.

No nos podemos permitir consumir 2,5 planetas para cubrir nuestros deseos. Sabemos que únicamente la ruptura con el sistema capitalista, con su consumismo y con su productivismo puede evitar la catástrofe. Es imprescindible, por tanto, educar en un modelo social económico acorde con un estilo de vida de «sobriedad voluntaria». Un estilo que sea universalizable a todo el planeta.

Por eso necesitamos una pedagogía ecosocial del decrecimiento (Díez-Gutiérrez, 2010), que descolonice el imaginario dominante del crecimiento ilimitado en la edad del colapso y que proponga reducir el uso excesivo de los recursos y energía (especialmente en los países con más riqueza del planeta) y reducir simultáneamente la desigualdad. No se trata de vivir todos en la miseria, ni renunciar a las conquistas de la ciencia y de la técnica, sino de aprender a vivir mejor con menos: menos comida basura, menos estrés, menos pleitesía al consumo. Implementar la filosofía de la simplicidad, de una vida sobria, para aprender a reducir y limitar deseos, pero también muchas necesidades.

El decrecimiento propone: reducir el uso excesivo de los recursos y energía (especialmente en los países con más riqueza del planeta) y reducir simultáneamente la desigualdad; cuestionar el modelo de desarrollo capitalista, que extrae los recursos para crecer del Sur Global manteniéndole pobre y endeudado. Para ello, habría que basar la economía y la vida en principios radicalmente diferentes: relocalización, reutilización, recuperación, cooperación, autoproducción e intercambio, durabilidad, sobriedad, etcétera.

El decrecimiento es la opción deliberada por un nuevo estilo de vida, individual y colectivo, que ponga en el centro la justicia, el bien común, los valores humanistas, y que estos sean las prioridades que nos muevan: las relaciones cercanas, la cooperación, la participación democrática, la solidaridad, la educación crítica, el cultivo de las artes, etcétera. Implementar la filosofía de la simplicidad, de una vida sobria, para aprender a reducir y limitar deseos y necesidades.

2.15 Pedagogía democrática

Planteo impulsar también una pedagogía radicalmente democrática que convierta nuestros centros en auténticas escuelas de democracia. La democracia y la participación se aprenden practicándolas, ejercitándolas y poniendo a prueba sus límites y dificultades. Implica participar no solo en la búsqueda de soluciones, sino en tener derecho a discutir cuál es el problema y tomar parte en la decisión sobre qué solución puede ser la más adecuada.

2.16 Pedagogía de la desobediencia

Una de las condiciones de este modelo de democracia escolar es que debemos formar en la desobediencia crítica y cívica frente al sistema injusto que promueve el neofascismo, el neoliberalismo y el capitalismo. No podemos seguir siendo "indiferentes" ni "obedientes" ante un modelo social, económico, ideológico, político y educativo que justifica y conduce a la desigualdad, la insolidaridad y el egoísmo brutal, el saqueo del bien común, el ecocidio del planeta, el machismo, el odio, la intolerancia y el fascismo.

Como dice Howard Zinn (2004) la desobediencia civil no es nuestro problema. Nuestro problema es la «obediencia civil». Nuestro problema es que multitud de personas en todo el mundo han obedecido los dictados de los líderes de sus gobiernos y han ido a la guerra, donde millones han muerto por causa de esa obediencia... Nuestro problema es que en todo el mundo la gente es obediente ante la pobreza y el hambre, ante la estupidez, la guerra y la crueldad. Nuestro problema es que la gente es obediente mientras las cárceles están llenas de ladronzuelos y los grandes ladrones rigen el mundo. Éste es nuestro problema.

3. Conclusiones

La comunidad educativa no puede permanecer ajena a la barbarie. Ni a la barbarie planetaria del cambio climático, ni a la barbarie económica de la explotación social, de la injusticia estructural y del saqueo internacional, pero tampoco a la barbarie social e ideológica que supone el neofascismo. La verdadera munición de este modelo no son solo las balas de goma o el gas lacrimógeno; es nuestro silencio y nuestra indiferencia cómplice. Por eso planteo también la necesidad de una pedagogía del compromiso: «El maestro, la maestra luchando, también está enseñando».

Esta frase nos recuerda al profesorado que, por una parte, como integrantes de la clase trabajadora somos también parte de la ciudadanía que se implica social y políticamente por conseguir un mundo más justo y mejor y que, por ello, debemos defender en la calle y en los espacios públicos, con el resto de la sociedad, los valores y principios que proclamamos en nuestras aulas; y, por otra parte, que nuestro ejemplo es un referente también, como educadores y educadoras, para los más jóvenes y para el resto de la sociedad. Ofreciendo con nuestro compromiso a los estudiantes oportunidades para comprender y experimentar cómo la política, el poder y la responsabilidad funcionan en y través de ellos, tanto dentro como fuera de las escuelas.

La reconstrucción de otro tipo de sociedad requiere no sólo necesarias e imprescindibles propuestas, reivindicaciones y acciones concretas, directas y a corto plazo. Son luchas cruciales. Pero hemos de pensar también en la «batalla ideológica global» en la que estamos inmersos (Urbán, 2020), la cual exige un planteamiento estratégico fundamental a más largo plazo: la necesidad de deconstruir la genealogía de los «valores» neofascistas y neoliberales dominantes que se infiltra en la educación y la imprescindible tarea de entusiasmar y comprometer con «valores» y concepciones solidarias a toda la ciudadanía y a las nuevas generaciones en aras del bien común. Es aquí, en el campo de batalla de la educación, donde se libra la lucha estratégica y esencial, y es aquí donde también se han de concentrar fuerzas.

Se trata no solo de aprobar en antifascismo, sino de sacar la máxima nota en el rechazo y la eliminación del fascismo, la homofobia, el machismo y el racismo, que están unidos por el mismo hilo de odio y la discriminación, sacando matrícula en derechos humanos y sociales en todo el sistema educativo, desde infantil a la universidad.

Para ello necesitamos a toda la tribu, efectivamente. Porque como dijo Martin Luther King: «Tendremos que arrepentirnos en esta generación no tanto de las malas acciones de la gente perversa, sino del pasmoso silencio de la gente buena», que mira para otro lado ante el auge del fascismo. Incluso lo afirma con rotundidad el padre del liberalismo conservador británico, Edmund Burke, quien recuerda que para que el mal triunfe solo es necesario que las personas buenas no hagan nada.

En definitiva, la pedagogía antifascista (Díez-Gutiérrez, 2022) nos alienta a repensar el orden social actual en términos de alternativas socialistas democráticas a la escuela y a la sociedad capitalista, pues la educación que queremos debe ser coherente con el modelo de sociedad que pretendemos construir; es decir, que ésta sea más justa, equitativa, solidaria, ecológica, feminista, inclusiva y feliz. Aunando esfuerzos y compartiendo propuestas e iniciativas que sean una alternativa radical a las políticas del neofascismo, que suponen el ataque más grave a la educación pública desde la transición, retrotrayéndonos al modelo de escuela y sociedad franquista y decimonónica. Es crucial seguir dando pasos decididos hacia un modelo educativo que contribuya a la construcción de una ciudadanía sabia, crítica y consciente, que ayude a hacer un mundo más justo y mejor, sin dejar a nadie atrás, así como a la educación de personas más iguales, más libres, más críticas, más ecofeministas y más creativas.

Lucio Anneo Séneca, en el siglo IV antes de nuestra era, afirmaba: no nos atrevemos a hacer muchas cosas porque aseguramos que son difíciles, pero son difíciles porque no nos atrevemos a hacerlas. Para ser demócratas hay que ser antifascistas. Para educar en valores democráticos y en derechos humanos debemos promover una educación radicalmente alternativa al neofascismo. Una pedagogía claramente antifascista. Tenemos que atrevernos a soñar. Nos jugamos el futuro de nuestros hijos e hijas, y el de la sociedad en su conjunto.

Bibliografía

Besalú, X. (2018, marzo 2). A vueltas con el talento. *Eldiariodelaeducacion.com* https://goo.gl/SqxGPi

Cabrera, L., Marrero, G. A., Rodríguez, J. G., y Salas-Rojo, P. (2020). Inequality of opportunity in Spain: new insights from new data. *Hacienda Pública Española/Review of Public Economics, 237,* 153-185. https://dx.doi.org/10.7866/HPE-RPE.21.2.6

Díez-Gutiérrez, E. J. (2010). Decrecimiento y Educación. En C. Taibo. *Decrecimiento. Sobre lo que hay que cambiar en la vida cotidiana* (pp. 109-135). Catarata.

Díez-Gutiérrez, E. J. (2018). *Neoliberalismo educativo.* Octaedro.

Díez-Gutiérrez, E. J. (2022). *Pedagogía Antifascista.* Octaedro.

Finchelstein, F. (2019). *Del fascismo al populismo en la historia.* Taurus.

González, M. (2020, agosto 10). Campamentos de verano para niños soldados. *El País.* https://cutt.ly/5FonUET

Gramsci, A. (1981). *Cuadernos de la cárcel* (vol. 2). Era.

Han, B. (2014). *Psicopolítica.* Herder.

Kropotkin, P. (2016). *El Apoyo Mutuo.* Madre Tierra.

Margulis, L. (2003). *Una revolución en la evolución.* Universitat de Valéncia

Rendueles, C. (2020). *Contra la igualdad de oportunidades.* Seix-Barral.

Sandel, M. J. (2020). *La tiranía del mérito: ¿Qué ha sido del bien común?* Debate.

Urbán, M. (2020). *El viejo fascismo y la nueva derecha radical.* Sylone.

Walsh, C. (2013). *Pedagogías decoloniales. Prácticas insurgentes de resistir, (re) existir y (re) vivir.* Tomo I. Abya- Yala.

Wilkinson, R., y Pickett, K. (2009). *Desigualdad. Un análisis de la (in)felicidad colectiva.* Turner.

Zinn, H. (2004, enero 11). La historia popular de Estados Unidos. Un poder que nadie puede reprimir. *Le Monde Diplomatique, 99.*

Claves de defensa del común: seguridad integral y derechos humanos

María José Rodríguez Rejas

> *«Nuestras palabras son nuestro trabajo, pero ya no nos sirven. Llevan sin funcionar bastante tiempo... existe el reto de inventar nuevas palabras para reemplazar las que han quedado obsoletas; la virtual imposibilidad de reinventar el significado de palabras viejas para nuevas circunstancias; el conservadurismo de la mayoría de la gente frente a los conceptos bien establecidos»*
> Ken Booth, *Seguridad y emancipación*

Mirando desde otro lugar: la necesidad de pensar la seguridad desde una concepción alternativa

Desde finales del siglo XX hemos asistido a la conformación de un proceso violento que trae de nuevo a la ultraderecha y a sus aliados de derecha al espacio público con una creciente representación electoral. El proceso ha sido, sin duda, muy rápido, al punto que no hubiéramos imaginado un escenario similar hace apenas veinte años. Sin embargo, este proceso no podría explicarse sin las transformaciones operadas desde el giro neoconservador-neoliberal de las últimas cuatro décadas. Durante ese periodo, la subjetividad social se ha modelado desde una ideología que descansa en el individualismo y en una creciente percepción de la amenaza del "otro" —excluido, migrante, diferente—. La meritocracia y la ideología del no merecimiento de los excluidos ha sido el sostén en el que han fermentado las ideologías del odio que estigmatizan a quienes son "diferentes", en el sentido del *outsider* que, desde los enfoques funcionalistas, no responde a las normas y expectativas sociales dominantes. En un capitalismo que profundiza los procesos de exclusión y crisis sin fin, lo básico escasea para las grandes mayorías (trabajo, vivienda, acceso a la educación, salud, pensiones, etcétera) y a la segregación social le acompaña la segregación territorial, tanto en los espacios urbanos, como a nivel de regiones y países.

El Estado neoliberal, que coloca en el centro de la política la condición de seguridad, gestiona la percepción de la amenaza y el sentimiento del miedo produciendo una lógica securitaria y políticas punitivas que criminalizan la exclusión y la protesta mientras se legitima la violencia de amplio espectro ejercida desde las políticas de ajuste y destrucción de la distribución, tanto sobre los sectores pauperizados de los países centrales como sobre los países periféricos y sus anhelados recursos y mercados.

El Estado de seguridad (Rodríguez-Rejas, 2021) que se construyó a lo largo de estas cuatro décadas, no sólo coloca en el centro la defensa y seguridad del Estado (neoliberal) —que será la seguridad de las clases dominantes que encabezan el saqueo y acaparamiento de la riqueza generada dentro y fuera de sus fronteras—, sino que lo hace desde nuevas concepciones de seguridad que rompen con las tradicionales concepciones de la amenaza, del enemigo y de la guerra. Éstas no pueden sino entenderse articuladas con la lógica de seguridad que permea la cultura y la subjetividad neoliberal; se alimentan una a otra en una relación simbiótica. El enemigo pasa a ser un enemigo fundamentalmente interno, difuso y aparentemente despolitizado; la guerra deja de tener como actores centrales a los Estados y su éxito deja de descansar en la dimensión militar para centrarse en guerra cultural y de inteligencia. Es guerra de cuarta generación, actua preventivamente y combina múltiples estrategias, en el sentido de la guerra híbrida.[33]

Mientras en el mundo de la vida cotidiana, la idea de guerra del ciudadano sigue anclada en las viejas concepciones de los conflictos armados y la defensa militar, ésta, aunque continúa operando, dejó de ser preeminente en la actualidad. La percepción de inseguridad, imbuida de la carga emocional del miedo al "otro", con una clara marca de clase y etnia, se centra en la dimensión de seguridad interior como nunca antes. Una gran parte de la ciudadanía, sin ser capaz de contextualizar y entender ante qué mundo está, demanda más seguridad, entendida siempre desde una mirada convencional y punitiva, lo que desencadena una espiral de profundización de las políticas securitarias.

---

33 | Para una descripción detalla de estas concepciones y sus impactos véase en este libro el capítulo "Más allá del discurso del odio: guerra neocortical y modelación de la subjetividad en la sociedad neoliberal".

Ante este escenario, se plantea el reto, tanto teórico como político, de pensar qué seguridad queremos para construir un mundo distinto frente a las ideologías de la exclusión y del odio, donde la diversidad cultural no sea vista como una amenaza y se ponga fin a la aporofobia de manera que el sufrimiento y la crueldad asociados a los procesos de pauperización de miles de personas dejen de ser normalizados e, incluso, justificados. Surgen varias preguntas de partida: ¿es importante la seguridad en un proyecto incluyente y alternativo?, ¿de qué seguridad hablamos en ese caso?

El tema de la seguridad es a menudo escamoteado o simplemente ni siquiera enunciado en las propuestas de sociedad alternativa, procedan éstas del medio académico o político, sean organizaciones tradicionales como los partidos políticos, o bien organizaciones sociales. Hay una escasa producción crítica en el campo de las concepciones y políticas de seguridad, menos aún hay propuestas que cuestionen la reproducción del capitalismo y su estructura de dominación. Lo más habitual es que no haya definición y propuesta en este sentido, pero, si la hay, ésta es poco clara y en la práctica, como hemos visto en el caso de varios gobiernos socialdemócratas en la Unión Europea, la seguridad queda circunscrita a la seguridad pública, reproduciendo las concepciones y lineamientos dominantes. En el mejor de los casos, alcanza a incorporar el tema de la protección frente al uso de la fuerza y la violación de los derechos humanos por parte de los cuerpos de seguridad del Estado. Es más, la ingeniera jurídica e institucional que se erigió a lo largo del proceso de conformación del Estado de seguridad no ha sido desmantelada cuando partidos progresistas han logrado acceder al gobierno; es el caso de la llamada Ley Mordaza en España, heredada de los gobiernos de derecha del Partido Popular, que sigue en pie hasta hoy a pesar de la excepcionalidad que representa y la violación a la libertad de expresión.

Se espera de la izquierda social y política que se posicione frente al Estado de seguridad y sus medidas punitivas, pero no que tenga un proyecto sobre seguridad en caso de llegar al gobierno o fortalecer su condición de interlocutor ante él. Se habla de muchas cosas en general —pacifismo, humanismo, derechos humanos, abolición de los cuerpos de seguridad—, pero poco de lo concreto. Se hacen propuestas en política distributiva y la izquierda más radical discute la reconstrucción del Estado social, pero se hereda del conservadurismo un aparato semántico que queda intacto, así como los enfoques, lineamientos, estrategias e institucionalidad desde las que la seguridad ha sido diseñada. Éste será otro de los grandes triunfos del Estado neoliberal. A nivel académico, son mayoritarios los enfoques convencionales de la seguridad, abiertamente conservadores unos, estrictamente liberales otros, que no cuestionan las bases estructurales del Estado de seguridad neoliberal, con lo cual no se ponen en cuestión las bases ideológicas de la dominación, ni se evidencian los intereses y actores que la sostienen. El trabajo de los *think tanks* institucionales o pro-institucionales, de los que Fundación Carolina o Real Instituto Elcano son un ejemplo, saturan la producción.

Sin duda, la situación presente es compleja y urgente, como hemos visto a lo largo de las problemáticas abordadas en este libro. Las dinámicas de control y doblegamiento social se profundizan en los últimos años a la par de la expansión de la ideología del odio en la que una parte de la población confundida y atemorizada encuentra una salida desesperada. El sentimiento de derrota para quienes ya no ven horizonte y quedan paralizados y aturdidos en el camino, convive hoy con el sentimiento de odio de quienes canalizan su frustración y dolor desde la venganza contra los más vulnerables. Sin embargo, ante la necesidad de pensar un camino alternativo en el campo de la seguridad, complejidad no es sinónimo de imposibilidad.

¿Desde dónde promover las transformaciones institucionales, legales y de la subjetividad para el cambio? Sin duda, los actores del cambio están inmersos en una vorágine de urgencias y presiones con las que inició el siglo XXI que se suman a las muchas necesidades y contradicciones arrastradas ya desde el siglo XX. Pero todo espacio vacío es ocupado por las fuerzas del poder que, en el campo de la seguridad y sus debates, tienen mucha tarea adelantada, cuentan con el aparato semántico, las concepciones, el enfoque y los lineamientos, la institucionalidad y la legislación acordes, y, en los últimos años, han promovido intensamente la modelación de una subjetividad securitaria. Es decir, tienen el control del tablero y de las reglas de juego, esas con las que reprimen movimientos o, en ocasiones, anulan organizaciones o hasta derriban gobiernos.

En este contexto, es fundamental la disputa por la palabra, por su sentido y significado, de cara a llenar vacíos en ámbitos tan importantes de la vida social como la seguridad y, en particular, en este tiempo histórico, donde enfrentamos un Estado de seguridad construido para velar por los intereses del capital y modelar una subjetividad doblegada dispuesta a aceptar el control. Necesitamos preguntarnos ¿Cómo se entiende la seguridad desde una perspectiva no convencional?, ¿de qué seguridad hablamos? Como recuerda Marcelino Cereijido en su obra *Ciencia sin seso. Locura doble*, citando a Pescetti, «nadie busca lo que no concibe... pues hasta los tornillos primero se imaginan y luego se construyen», e imaginar es nombrar y comunicar para construir con los "otros" con que habitamos.

Compartimos con Baldwin (1997) el llamado a poner atención al debate conceptual sobre seguridad y la necesidad de hacerlo, más aún en un mundo académico fuertemente penetrado por el lenguaje y los enfoques que los medios de comunicación y las nuevas tecnologías convierten en tendencia. Aunque a menudo supongamos que sucede a la inversa y que es desde el medio académico desde donde se produce el conocimiento y los conceptos que son referente, esto sucede cada vez menos. En este sentido, trataremos, por una parte, de plantear cómo entendemos la seguridad desde una perspectiva alternativa, que consideramos necesaria y urgente frente a las concepciones dominantes, y, por otra, cerraremos este trabajo con algunos ejes propositivos que requeriría su operatividad.

En este sentido, consideramos que las preguntas más genéricas que habitualmente nos planteamos —¿Qué proteger? ¿A quiénes?— requieren ser precisadas con las preguntas que formula Baldwin para caracterizar un enfoque de seguridad: ¿Seguridad para quién? ¿Seguridad para qué? ¿De qué amenazas protegerse? ¿Cuánta seguridad? ¿Por qué medios? ¿A qué costo? ¿En qué periodo de tiempo? Estas preguntas son esenciales más allá de que no compartamos el enfoque neorrealista desde donde el autor aborda el análisis de la seguridad. Baldwin discrepa de las miradas críticas que recuperan las perspectivas económicas, de justicia social, ambientales y de derechos humanos en el ámbito de la seguridad, por considerar que responden más a una agenda política que a un debate real. A diferencia de esta perspectiva, consideramos que la definición de seguridad debe responder: 1) a lo que podemos constatar en un sentido amplio y no sólo a los enfoques restrictivos de la seguridad tradicional de carácter militar que, como ya hemos expresado, ni siquiera son ya los enfoques dominantes; 2) a la problematización y causalidad que dificulta y/o posibilita esa (in) seguridad; 3) a cómo la seguridad e inseguridad afectan la vida cotidiana de las personas; 4) a las políticas y estrategias con que se operativiza esa concepción de seguridad; 5) al campo social de condiciones, en el sentido concebido por Bourdieu, que nos obliga a considerar a los actores implicados, las relaciones de poder y sus luchas; 6) a la historicidad del conflicto, es decir, a las relaciones sociales concretas que se pretenden transformar desde una concepción abierta y alternativa a la dominante.

La aparente objetividad de los enfoques más convencionales, refugiada en la neutralidad valorativa a la que apela Baldwin, está basada en esa separación entre lo ontológico y lo epistemológico que no se sostiene en el análisis. Afortunadamente, en el ámbito de la seguridad se han ido rompiendo los moldes convencionales; se ha logrado problematizar el debate desde posiciones diversas, y en buena medida heterogéneas, que han abierto el camino ya desde hace varias décadas, dando lugar a los diversos enfoques críticos de seguridad (Escuela de Aberyswyth, Escuela de Copenhague, los post-estructuralistas, el enfoque de seguridad humana, el enfoque poscolonial). Todos ellos comparten una mirada que coloca en el centro a las personas, rompiendo con el enfoque estadocéntrico y con las políticas de seguridad restringidas a la estrategia militar y militarizada. Es decir, hay herramientas para abordar el debate de seguridad desde una perspectiva alternativa y disputar la palabra.

De ahí que consideremos importante debatir sobre las bases conceptuales para construir alternativas de seguridad que respondan a las necesidades de las grandes mayorías excluidas y hoy doblegadas, que son las víctimas invisibilizadas de la violencia de amplio espectro ejercida tanto desde los actores ilegales como desde los actores legales en el marco del Estado neoliberal. Como señala Booth muy claramente: «Las amenazas al bienestar de los individuos y los intereses de las naciones en todo el mundo se derivan principalmente no del ejército de un estado vecino sino de otros desafíos, como [los] derrumbes económicos, la opresión política, la escasez, la sobrepoblación, las rivalidades étnicas, la destrucción de la naturaleza, el terrorismo, el crimen y las enfermedades. En la mayoría de los casos mencionados, la gente se encuentra más amenazada por las políticas y las deficiencias de sus propios gobiernos que por las ambiciones napoleónicas de sus vecinos. Para incontables millones de personas en el mundo es su propio Estado y no el 'enemigo' el que representa la amenaza de seguridad principal» (2013, p. 106). En este sentido, la intención de este trabajo es plantear algunos ejes de reflexión sobre cuáles serían las bases para imaginar y construir una estrategia de seguridad en el marco de un proyecto de cambio que responda a los intereses de esas grandes mayorías silenciadas y no a los intereses del sector dominante que fomenta la securitización como estrategia de control, la militarización de la pobreza y de la disidencia, y que hacen del miedo una herramienta de gestión política; todos ellos elementos que conforman el caldo de cultivo de las ideologías del odio y su ascenso electoral.

La seguridad integral frente a un mundo excluyente

En el esfuerzo por abrir el debate sobre seguridad, dominado mayoritariamente por concepciones convencionales y liberales, surge la necesidad de adjetivar la seguridad. Este ejercicio conlleva, sin duda, el riesgo de caer en imprecisiones. No obstante, consideramos que es importante nutrir el debate sobre el tema.

En este camino, son de primera importancia los aportes de la escuela de Aberystwyth que se funda desde los Critical Security Studies (CSS), también conocida como Escuela de Gales; una de las escuelas menos conocidas en el ámbito de los enfoques críticos de seguridad (escuela de Aberyswyth, escuela de Copenhague, los post-estructuralistas, seguridad humana, poscolonialismo) y la única con una orientación neomarxista. Lo que tienen en común esas distintas corrientes críticas es que señalan los límites del enfoque convencional estadocéntrico y militarista, y colocan en el centro a las personas, así como las condiciones de inseguridad y los costos que tienen para ellas las estrategias de seguridad convencional. Tratan además de vincular teoría y práctica para transformar las políticas nacionales e internacionales sobre seguridad y defensa de manera que se incorporen objetivos sociales incluyentes y no sólo estatales, si bien lo hacen desde posturas muy heterogéneas, unas complementarias y otras antagónicas (Tickner, 2020). Así, difieren tanto en la perspectiva sobre las estrategias concretas de seguridad como en la diversidad de amenazas a la que hacen referencia, como veremos.

Buzan, Waever y Wilde (1998), desde la Escuela de Copenhague, abrieron una línea importante en su momento, que no sólo incorporó las nuevas amenazas —hablan de diversas dimensiones: económica, social, política, ambiental— sino también la reflexión sobre los impactos de las políticas de seguridad en boga. En este sentido, develaron el proceso de construcción política de los temas de seguridad posicionados desde el poder, su impacto en la percepción de la ciudadanía y la modelación de subjetividades. Esto permitó ahondar en la gestión política del miedo, los imaginarios que se crean desde este proceso de securitización, y la aceptación por parte de la población de las respuestas securitarias producidas desde el Estado. Sin duda, elementos valiosos para entender la construcción de consensos desde el poder e identificar quiénes son los productores del discurso y las medidas adoptadas, así como los actores securitarios. Sin embargo, una de sus limitaciones radica en que dejan de lado el debate sobre el concepto de seguridad para centrarse en el discurso y los llamados "actos de habla", poniendo de esta manera su mirada en las implicaciones discursivas. De esta manera, la ampliación de las amenazas en la vida de las personas no ocupa un lugar importante en tanto no consideran los problemas que enfrentan las mayorías excluidas, ni a nivel interno ni en el internacional.

Otra de las limitaciones es su propuesta centrada en desecuritizar, en un sentido de despolitizar los problemas, frente a la securitización, que sería, desde su perspectiva, un proceso de politización de temas que pasan a estar incorporados a la agenda de seguridad. Esta perspectiva implica aceptar la base estructural del capitalismo imperante en términos de desigualdad y de los conflictos existentes, que serían considerados parte de la "normalidad". De esta manera, la crítica que les hace la Escuela de Aberystwyth, es que, en tanto no hay un cuestionamiento de las condiciones estructurales, tampoco hay una intención transformadora sino simplemente se trataría de contener lo "excepcional", lo que podríamos traducir como regular las expresiones más amenazantes de la experiencia neoliberal. En un sentido similar, el enfoque decolonial, considera que la Escuela de Copenhague sitúan como hechos excepcionales de amenaza y violencia lo que precisamente está en la base de la conformación de las relaciones desiguales, internas y externas, el colonialismo histórico y actual, que no reconocen. Como señala Tickner, «suponer que éstos son extraordinarios y no rutinarios oculta el racismo estructural y valida la fantasía de tolerancia y civilidad en la raíz de la democracia liberal occidental. De esta forma, la securitización no debería considerarse un proceso excepcional que se sale de la política "normal" y rompe temporalmente el orden liberal, sino parte integral de un conjunto de prácticas diarias, como la clasificación, la categorización, el policiamiento y el perfilamiento, que actúan para disciplinar y validar el ejercicio de la violencia racista» (2020, p.11).

También desde el enfoque de seguridad humana, ya desde mitad de los noventa, se amplían la concepción de las amenazas y el impacto que éstas tienen en las personas y, especifican, en su libertad. Así son consideradas como amenazas la pobreza, el subdesarrollo y las guerras civiles (PNUD, 1994). Inicialmente, esta perspectiva fue conocida como «seguridad con rostro humano» en tanto priorizaba la seguridad y el bienestar de las personas y no del Estado. Sin embargo, muy pronto, se delinearon dos vertientes. Una, institucionalista y más restringida, centrada en la protección de los «derechos básicos» del individuo —la expresión no es menor— en situación de violencia, que hacía referencia principalmente a situaciones como genocidio o guerra étnica. Ésta pasaría a ser mayoritaria. Otra corriente trató de rescatar el carácter más crítico que inicialmente había tenido este enfoque; clasificada como amplia o progresista, se centró en la justicia social (Pérez de Armiñón, 2007). Puso el acento en la violencia estructural, de carácter social y económico, e incorporó entre las nuevas amenazas las de carácter ambiental. Así, los «derechos básicos» hacían referencia a la seguridad de vivir sin necesidades y no sólo sin miedo, a diferencia de la corriente institucionalista. En este sentido, estaban cercanos a los planteamientos de Galtung (1998).

Las críticas al enfoque de seguridad humana están relacionadas con la imprecisión del concepto pero también con su orientación liberal que no cuestiona el orden social dominante y que se ha prestado incluso para sostener acciones de intervención en países periféricos bajo la etiqueta de acciones humanitarias que se legitiman escudándose en la «responsabilidad de proteger». No obstante, desde la perspectiva de Tickner (2020), la corriente amplia o progresista de seguridad humana tendría un potencial de acercamiento con la Escuela de Aberystwyth en tanto considera las condiciones estructurales y sus impactos en la vida de las personas, así como la superación de la inseguridad vinculada a la superación de las necesidades.

En relación con estas diversas corrientes, la Escuela de Aberystwyth no sólo coloca a las personas en el centro de la concepción y reflexión sobre seguridad, sino que trasciende los enfoques individualistas, incorporando las amenazas a la seguridad de grupos vulnerables y excluidos así como los impactos sobre colectividades (grupos, pueblos) de las políticas de seguridad convencional. Esta Escuela comparte con los enfoques de seguridad humana la ampliación del espectro de amenazas entre las que incorporan problemas sociales como la pobreza, la inseguridad alimentaria, socioambientales, como los desastres naturales, etcétera. No obstante, las diferencia entre ambos enfoques son importantes y radican en las limitaciones críticas de seguridad humana.

Las preguntas para caracterizar un enfoque de seguridad están articuladas y construyen un armazón de interconexiones que no podrían entenderse de forma compartimentada. Desde la Escuela de Aberystwyth, el qué proteger y a quiénes proteger hacen referencia a la persona, pero no en un sentido individualista sino esencialista; al ser humano en un sentido genérico, de ahí que su mirada incluya grupos y pueblos. De ahí que las amenazas sociales, económicas y ambientales no sólo se consideran prioritarias para la población sino en particular para las mayorías que son más vulnerables, incorporando una perspectiva de clase que atraviesa la escala nacional e internacional en sus relaciones de desigualdad y, por tanto, de riesgo ante las amenazas. Ésta es una diferencia fundamental con el enfoque de seguridad humana.

La pregunta ¿de qué amenazas protegerse? sólo tiene sentido vinculada a las preguntas ¿seguridad para quién? y ¿seguridad para qué? En relación con estas preguntas, la perspectiva que aporta la Escuela de Aberystwyth es radicalmente distinta en tanto identifica al Estado como responsable en buena medida de esas amenazas a la población y como fuente de malestar para los sectores excluidos, dinámica que se profundiza de forma más cruenta en la sociedad neoliberal en la que se normaliza la prescindibilidad de la vida. Además, desde este enfoque, se considera que las experiencias de las personas en relación con lo que experimentan y perciben como amenaza, en qué se sienten seguras e inseguras, es un elemento fundamental a ser considerado para la transformación de las políticas de seguridad en esa realidad concreta. Así, esta Escuela abre la puerta para incorporar la voz de los sin voz no sólo en el diagnóstico de la situación sino en el diseño de las estrategias y en los procesos de transformación que se lleven a cabo. Desde esta perspectiva, la estrategia y medios para lograr la seguridad pasan por la emancipación de la persona, liberándola de las necesidades y límites que afectan su vida y sus posibilidades de vida cada día. Esa emancipación se entiende como seguridad económica, justicia social y no sólo seguridad física de la persona ante la violencia explícita de la inseguridad ciudadana; además, se haría extensiva a grupos y pueblos, atravesando la escala de lo local, nacional e impactando en la dinámica de las relaciones internacionales. Y éste será otro aspecto fundamental de la Escuela de Aberystwyth en relación con las otras corrientes: piensa en la transformación de la realidad cuestionando el orden dominante y no como reforma desde adentro. Es por ello que trata de responder preguntas de fondo que den cuenta de la dinámica del poder, de las prácticas e intereses que están en la base de la producción de las amenazas, para plantearse cómo puede cambiarse esa realidad: «Se preguntan cómo dicha realidad llegó a constituirse, a qué dinámicas de poder dieron lugar y fueron posibilitadas por ella, y de qué manera puede cambiarse el estado actual de las cosas. De este modo, cuestionan el *statu quo*» (Tickner, 2020, p.9). Al pensar en la liberación de las necesidades, el enfoque está más próximo al florecimiento humano que propone Boltvinik (bien-ser-estar humano) como esquema interpretativo que a la teoría de la igualdad y las capacidades de Amartya Sen, circunscritas a un enfoque liberal, como analiza críticamente el propio Boltvinik (2020). En ese mismo sentido, la Escuela de Aberystwyth es cercana a los planteamientos de la sociología del sufrimiento (Kleinman, Das y Lock, 1997), que resaltan el carácter social del sufrimiento y la importancia de analizar las condiciones y contexto en que se produce, los actores responsables, sus prácticas y los impactos que vulneran y amenazan la vida de quienes tienen menos poder para expresar su dolor y cambiar la situación.

Al cuestionar la estructura de poder como productora de violencia e inseguridad y dar cabida a los actores que habitualmente han estado silenciados desde la perspectica dominante, la Escuela de Aberystwyth plantea la necesidad de politizar la seguridad, es decir inscribirla en las relaciones de poder que amenazan a la población, identificar a los actores decisores y sus concepciones, desde las que se definen las políticas y estrategias de seguridad, para entender la imperativa necesidad de cambio si pensamos en construir una seguridad para todos que no responda a los intereses del poder. Sin duda, es una diferencia fundamental con la escuela de Copenhague que, precisamente, porque parte de un marco de análisis muy distinto —como hemos explicado—, construye su propuesta desde la desecuritización, como despolitización de los temas de seguridad, donde éstos retornen a su dimensión estrictamente militar o de seguridad, como si esa compartimentación del poder tuviera base en la realidad. En una línea complementaria a la propuesta de politización de la seguridad que plantea la Escuela de Aberystwyth, Antillano recupera el vínculo entre política y seguridad, entendida la primera como campo de mediación en el que la acción de los actores puede generar condiciones de igualdad frente a los dispositivos de poder de la seguridad: «La seguridad despacha y obtura la política, al velar la naturaleza política de los procesos que subsume, transformarlos en problemas puramente técnicos y reproducir formas de violencia y dominación para su trámite... [se trata de] repolitizar el campo que se anexiona la seguridad para su haber» (2013, p.581).

Es en este sentido que recuperamos la concepción de seguridad de Booth para quien la seguridad significa no sólo ausencia de amenazas sino emancipación de la persona, los grupos, pueblos y naciones; es decir, la seguridad como liberación «de aquellas limitaciones físicas y humanas que no les permiten realizar lo que harían libremente. La guerra y la amenaza de la guerra es una de estas limitaciones, junto con la pobreza, la falta de educación, la opresión política, etcétera. La seguridad y la emancipación son dos caras de la misma moneda. La emancipación, no el poder o el orden, produce la verdadera seguridad. La emancipación, teóricamente, es seguridad» (2013, p.107). Y agrega, «[L]a verdadera seguridad sólo se puede lograr cuando no se priva a los demás de la misma" (2013, p.106). Es decir, no se trata sólo vivir sin miedo sino de vivir sin pobreza, sin hambre, sin sufrimiento, con acceso a la educación, al trabajo, a un salario digno, a la vivienda, con libertad de expresión, etcétera. La libertad es entendida por Booth, necesariamente, vinculada a la igualdad —un «concepto igualitario de libertad»-— lo que dista de los enfoques liberales y neoliberales de la misma, que tienen una perspectiva individualista que la restringe a los derechos formales, en particular, el derecho a la propiedad individual: «Cuando la gente con corazón de poliéster dice a los sin techo, por ejemplo, que ahora tienen más libertad, porque pueden comprar acciones en industrias privatizadas, esa "libertad" no tiene sentido. Si prestamos atención a Gran Bretaña o al mundo entero, la libertad sin un estatus económico es propaganda» (2013, p. 109-110), lo que nuevamente le acerca a los aportes de la sociología del sufrimiento.

A partir de la propuesta de la Escuela de Aberystwyth, y a partir de la revisión de los diversos enfoques críticos sobre seguridad que hemos recuperado, proponemos un concepto de seguridad como seguridad integral de manera que ésta recupere la perspectiva holística de Booth, en el sentido de pensar la seguridad y sus problemas, es decir la inseguridad, desde una perspectiva global, no sólo multidimensional sino cuyos elementos están interrelacionados y sus dimensiones articuladas. Si bien es cierto que las nuevas concepciones institucionales de la seguridad y defensa desde fines de los ochenta, y más claramente a lo largo de la década de los noventa, incorporaron en sus planteamientos la multidimensionalidad de factores que inciden en la condición de seguridad-inseguridad y las múltiples formas en que se expresa, aquí estamos planteando una perspectiva distinta de esa multidimensionalidad al inscribir esa complejidad y multiplicidad de factores en una perspectiva no estadocéntrica y no militarista-punitiva.

Desde la seguridad integral, se sitúa en el centro de la seguridad a las personas y a los grupos, como señala Booth, rescatando el sentido integral de la vida humana, entendida como una unidad bio-psico-social; es decir, en sí misma, ontológicamente, la vida humana no puede analizarse desde una compartimentación si queremos comprender los riesgos que la aquejan imponiendo condiciones de sufrimiento social que impiden su desarrollo pleno o lo que Boltvinik define como florecimiento humano (bien-ser-estar objetivo y subjetivo a la vez) (2020). De esta manera, consideramos que se precisa, al tiempo que se recupera, el concepto de seguridad holística de Booth. Se comparte también que el abanico de amenazas incorpore temas diversos que ponen en crisis la vida en el sentido expuesto: desigualdad, empobrecimiento, desempleo, salarios insuficientes, y otras múltiples carencias sociales y económicas, así como aquellos mecanismos que impiden o coartan el acceso a la información —sea por la vía de la carencia, de la saturación o de la información falsa— y a la participación entendida no sólo como procedimiento electoral sino como acceso a la toma de decisiones que atañen a lo público y, en este sentido, a la construcción de decisiones que incorporen a las grandes mayorías, históricamente silenciadas. Desde aquí respondemos a las preguntas básicas de ¿qué asegurar? y ¿para quién y para qué la seguridad?

Proponemos el término integral porque consideramos que responde de manera más clara en el uso del castellano que el anglicismo holístico, que es más bien ocupado en otros campos de conocimiento pero no tanto en las ciencias sociales y en el análisis político y, además, porque está envuelto en una heterogeneidad de concepciones que le pueden restar precisión; también porque va más allá del enfoque filosófico del holismo al tratar de recuperar la complejidad de la totalidad del análisis marxista (Kosic, 1967; Zemelman, 1992), las relaciones de poder, tensiones y conflictos que se dan en el campo social de condiciones. Y también porque esta perspectiva permite con mayor facilidad incorporar la dimensión de cambio social en beneficio de las grandes mayorías frente al poder que plantea el propio Booth. Sin duda, el uso del término "integral" es un intento de aportar y complementar un debate que no está cerrado y del que dependen en gran medida las propuestas de políticas de seguridad alternativas si bien puede no resolver de fondo los matices que se quieren incorporar a una concepción crítica. El término integral aparece hasta ahora de manera marginal en los enfoques de seguridad y se presenta con un sentido genérico, sin teorización. En algunos enfoques institucionales se menciona en relación a la multidimensionalidad de la seguridad, haciendo referencia a amenazas ambientales pero sin incluir aspectos sociales y económicos; en las experiencias institucionales de gobiernos progresistas en países periféricos se ha usado en relación con una perspectiva no punitiva que además de las estrategias y políticas de seguridad convencional a cargo de los cuerpos de seguridad incluye políticas sociales y económicas distribuidoras asumidas como herramientas centrales para recuperar la seguridad de la personas en una concepción próxima a la vida humana como unidad integral. Sin duda, como señala Booth en la cita con la que iniciamos este capítulo, es todo un reto inventar nuevas palabras, así como lo es resignificar palabras ya existentes. Renombrar la seguridad como seguridad integral desde una perspectiva emancipatoria frente a las ideologías neoconservadoras es un intento en este amplio debate.

El bien común y los necesarios —y silenciados— derechos económicos y sociales

La seguridad integral conlleva necesariamente la protección y defensa del bien común. Así, abordar la seguridad desde esta perspectiva de seguridad integral, tal y como hemos planteado, requiere recuperar, necesariamente, los derechos que protegen la vida humana en su dignidad. Es decir, los derechos que hacen posible la seguridad como emancipación de las necesidades y como liberación del miedo, en tanto condiciones imprescindibles para una vida plena. En este sentido, los derechos humanos son, como señalaba Ellacuría (1978) la prolongación y actualización histórica del bien común, entendido éste como el bien de la sociedad que refleja el vínculo del bien particular con el bien general del conjunto, con el "todo": «Los derechos humanos son derechos del hombre [del ser humano] por ser hombre [ser humano] y por pertenecer a una única humanidad... no puede hablarse de bien común cuando hay negación de los derechos humanos. El situar los derechos humanos en relación con el bien común dan a aquellos su fundamento y su marco de referencia, mientras que proporciona al bien común un principio de concreción y obligatoriedad» (p.4). El bien común está así por encima del bien particular de cada individuo, dando lugar a una justicia generadora de derechos que protege la vida humana en un sentido pleno, como también lo expusimos anteriormente; y, a su vez, el respeto y cumplimiento de esos derechos son garantes del bien común y de la justicia y, en consecuencia, de una vida en un sentido integral. Lejos de los enfoques liberales sobre derechos humanos, la mirada crítica de Ellacuría incorpora en su análisis el conflicto de clases y su expresión en la estructura y políticas de Estado: «No se puede hablar unitariamente de un bien común allá donde se pretenden bienes contrapuestos y excluyentes, allá donde hay efectivamente nada en común o muy poco en común» (1978, p.9).

Desde esta perspectiva, el bien común no es simple discurso que se replica a través de la construcción de una opinión pública; es una realidad histórico-concreta que se puede constatar y que también se puede objetivar cuando se piensa en políticas de promoción del bien común; lo que nos lleva a plantear, siguiendo esta línea de razonamiento, que la seguridad integral implica la protección y defensa del bien común por encima de los intereses de una minoría privilegiada y que, asimismo, puede y tiene que operarse desde lineamientos concretos que se plasmen en una política de seguridad integral, como orientadores del proceso. Ese es uno de los contrastes fundamentales con las políticas de seguridad actuales y con las concepciones en las que se fundan, como vimos al inicio de este capítulo; desde éstas, lo que se presenta como bien común son, en realidad, los intereses del capital, de un pequeño grupo que ejerce el poder y concentra la riqueza. Así, la seguridad en esta sociedad no es sino la seguridad de la reproducción del capital mientras las grandes mayorías excluidas reducen su seguridad a la seguridad pública, reproducen en sus prácticas sociales una cultura de guerra, compitiendo entre quienes menos tienen, impulsadas por el miedo y la percepción constante de amenaza y vulnerabilidad ante los escasos bienes y derechos con los que cuenta, lo que desata una espiral de demandas de seguridad punitiva y restrictiva de sus propios derechos.

La justificación de la desigualdad y las injusticias en la sociedad neoliberal actual en nombre del crecimiento y la meritocracia, no sólo niega el bien común y el ejercicio de los derechos humanos sino la propia seguridad individual y colectiva. Se justifica la seguridad en abstracto, focalizada en el campo de la seguridad pública, mientras se invisibiliza la creciente inseguridad social, económica, psicológica que va cercenando la participación real en nombre de la electoral, erigida en máxima expresión del ejercicio de ciudadanía. La percepción creciente de inseguridad focalizada en la delincuencia y el terrorismo, produce una seguridad restringida, reducida a menos del mínimo y basada en una ciudadanía oprimida que confunde el bien de una minoría con el bien propio y los derechos humanos con unos recortados derechos civiles y políticos. El contagio de la ceguera normaliza la injusticia y la violencia del proceso al mismo tiempo que estigmatiza las problematizaciones integrales, descalificándolas como idealistas.

Entendemos los derechos humanos como derechos reconocidos en el marco internacional, con capacidad jurídica sobre las legislaciones nacionales, orientados a garantizar las condiciones de vida esenciales para un desarrollo pleno de la persona, y que además tienen al Estado como responsable de su garantía. Desde 1948, la Declaración Universal de los Derechos Humanos ya recoge derechos no sólo políticos y civiles sino derechos de carácter económico y social como el derecho a la seguridad social y a la «satisfacción de los derechos económicos, sociales y culturales, *indispensables a su dignidad* y libre desarrollo de la personalidad» (las cursivas son mías) (art.22), el derecho a un nivel de vida adecuado «que le asegure, así como a su familia, la salud y el bienestar, y en especial la alimentación, el vestido, la vivienda, la asistencia médica y los servicios sociales necesarios; tiene asimismo derecho a los seguros en caso de desempleo, enfermedad, viudez, vejez u otros casos de pérdida de sus medios de subsistencia por circunstancias independientes de su voluntad» (art.25). Además, incluye el derecho al trabajo y a un salario digno (art. 23), al descanso (art.24), a la educación (art. 26) y a un orden internacional que reconozca y haga efectivos estos derechos (art.28). También, en el Preámbulo, se plantea que una sociedad en la que se respeten los derechos humanos será una sociedad donde las personas estén libres de *temor y miseria*. En este sentido, la Declaración contiene elementos indispensables para pensar en una protección y seguridad integral de la vida humana, orientada al bien común y próxima al enfoque de los estudios críticos de seguridad, en tanto ausencia de amenazas y como emancipación.

Posteriormente, el Pacto Internacional de los Derechos Económicos, Sociales y Culturales (1976) recogió específicamente los derechos de carácter económico y social: el derecho al trabajo (art.6), a una remuneración justa (art.7), a la seguridad social (art.9), a un nivel de vida adecuado (art.11), a la salud física y mental (art.12) y el derecho a la educación (art. 13), entre otros, considerados imprescindibles para una vida digna y que, como decíamos, ya estaban presentes en la Declaración Universal. Esto dio lugar a una división en relación con los derechos políticos y civiles, ya que el documento plasmó la división construida en el contexto de la Guerra Fría entre los llamados, desde entonces, derechos de primera generación, es decir, los derechos políticos y civiles, y los de segunda generación, los de carácter económico, social y cultural, introduciéndose no sólo una separación ficticia entre ambos sino una jerarquización posibilista y práctica en términos de su aplicación que condujo a producir una narrativa que tildaba como idealista e irrealizables a los segundos, o, en el mejor de los casos, como secundarios y progresivos en relación con los derechos civiles y políticos que pasaron a revestirse de una impronta prioritaria y necesaria para la democracia occidental. Es decir, se construye una justificación que condena a los derechos económicos y sociales a un segundo lugar, en las sombras, como "derechos utópicos".

Sin embargo, es necesario recordar que el mismo Pacto señala el vínculo entre ambos derechos como condición necesaria para una vida digna, lo que obliga a los Estados firmantes a protegerlos y cumplirlos: «…tienen la obligación inmediata de adoptar las medidas adecuadas para garantizar una mejora continua y sostenida del disfrute de estos derechos a lo largo del tiempo (…) están obligados, con efecto inmediato, a garantizar el disfrute de los niveles mínimos esenciales de cada derecho» (ONU). Otros elementos que son fundamentales para la seguridad integral y el bien común recogidos en el Pacto, en el sentido de los expuesto anteriormente, es que establece «la prohibición de medidas que disminuyan el disfrute actual» de éstos, e incluso agrega que «[R]espetar el principio de no discriminación requiere medidas específicas para garantizar la protección de los derechos de las poblaciones marginadas como prioridad. Incluso cuando los recursos son limitados, el Estado tiene el deber de adoptar medidas para proteger a los más vulnerables», lo que nos lleva a reflexionar sobre las políticas de ajuste y la destrucción de las políticas de distribución social operadas a través de cuatro décadas de neoliberalismo.

De esta manera, derechos que habían nacido con un carácter universal y que eran indivisibles, como se señalaba en la Declaración Universal, acabaron perdiendo dicho carácter, dando lugar a un debate que sigue abierto al día de hoy aunque cada vez va siendo más cuestionada esta división y jerarquización que relegó los derechos de carácter más social y económico a derechos de segunda clase. Un aspecto central que plantea Ligia Bolívar al respecto es que, incluso en el ámbito de los movimientos sociales y las organizaciones de derechos humanos, los derechos económicos y sociales se plantean más como un tema o un principio ético y no como un derecho, lo que sigue condenándolos a una condición secundaria en lugar de reconocerlos como derechos humanos: «Se ha insistido tanto en las diferencias entre ambos grupos de derechos que se olvidan las semejanzas, corriendo el riesgo de perder de vista que los derechos económicos, sociales y culturales también son derechos (…) hay una necesidad de superar la doctrina de la dicotomía entre ambos grupos de derechos, en favor de la indivisibilidad y la interdependencia» (1996, p.2-3). La misma autora señala también que, precisamente el reto es profundizar el desarrollo institucional y jurídico para hacerlos valer como se hizo, durante décadas, con los derechos civiles y políticos; de ahí que haya más bien que insistir en las semejanzas para desmontar algunos mitos que justifican su postergación por parte de los Estados y que, como hemos venido insistiendo, son fundamentales en relación con la seguridad entendida como seguridad integral y con el bien social colectivo.

Por ejemplo, en el caso de los derechos civiles y políticos nunca ha estado en discusión su aplicación inmediata, al margen de la complejidad administrativa y de los recursos que se han requerido para aplicarlos, como por ejemplo las elecciones, cosa que no sucede con los derechos económicos, sociales y culturales, siempre sometidos a la "disponibilidad" de recursos estatales suficientes: «Habría que preguntarse hasta qué punto sería aceptable que se argumentara la imposición violenta de un régimen dictatorial —y todas sus consecuencias en materia de violación de derechos civiles y políticos— en base a la promesa de una futura y fortalecida democracia 'deslustrada' (...) argumentos que resultan inaceptables en el campo de los derechos civiles y políticos, no pueden ser consentidos en el de los derechos económicos, sociales y culturales» (Bolívar, 1996, p.14). Es más, podríamos agregar que el argumento de que la «visión occidental de los derechos humanos» se centra en los derechos políticos y civiles porque la protección social y económica de estos países hace menos necesaria la demanda de los derechos económicos, sociales y culturales, ya no se sostiene tras varias décadas de políticas neoliberales que han generado un crecimiento sostenido de la desigualdad y, con ello, de la inseguridad social y económica, además de la inseguridad pública.

La misma separación en el debate y a nivel de la legislación e institucionalidad puede observarse en el caso de Europa. Por una parte, el Convenio Europeo de Derechos Humanos (1950) concentra esencialmente los derechos civiles y políticos, mientras la Carta Social Europea (1961) establece las bases de los derechos económicos y sociales, que sería revisada en 1996. Igualmente, en cuanto a la justiciabilidad, los derechos civiles y políticos, además de su universalidad, cuentan con las instituciones pertinentes para su aplicación, como el Tribunal Europeo de Derechos Humanos en el Consejo de Europa, mientras los derechos económicos, sociales y culturales no disponen de un mecanismo jurisdiccional ya que los informes emitidos por el Comité de Derechos Sociales no tienen obligatoriedad ninguna; a pesar de que el propio Tribunal Europeo ha reconocido que muchos derechos civiles y políticos tienen proyecciones de orden económico y social, llegando a hablar de «derechos civiles con dimensión social» (Morte, 2018).

Las condiciones actuales hacen de los derechos económicas y sociales una reivindicación apremiante en relación con el bien común. El deterioro de las condiciones sociales y económicas de la población europea en general, aunque con mayor intensidad en los países del sur de Europa, asociadas a la destrucción del Estado social y a la imposición de políticas de ajuste, están sin duda en la base de la percepción de amenazas y vulnerabilidades de la población. El enojo y la insatisfacción conforman el caldo de cultivo en el que proliferan las ideologías del odio que acaban expresándose en opciones desesperadas de cambio que nutren el crecimiento del voto de la derecha y de la extrema derecha. De acuerdo con datos de 2021 del Eurobarómetro, los sentimientos que mejor describen el status emocional habitual de los ciudadanos son, a nivel europeo, la incertidumbre (45%), la frustración (34%), la indefensión (29%), el enojo (17%), la calma (17%) y la soledad (16%). Llaman la atención dos elementos, el miedo presenta un bajo nivel, sólo el 11%, mientras que la esperanza está entre los sentimientos que tienen un mayor porcentaje, con el 37%; no obstante, el conjunto de emociones negativas que se identifican como preeminentes pone en cuestión, junto con algunos otros elementos de los que vamos a dar cuenta a continuación, la positividad de dicho sentimiento así como el hecho de que podamos interpretar el dato del miedo disociado de la incertidumbre, la indefensión y la frustración. De hecho, los restantes sentimientos positivos tienen muy bajos niveles de identificación: confianza, 15%; determinación, 11%; compasión, 14%; servicial, 10%. En el caso particular de España, las cifras arrojan resultados similares, con la salvedad de la indefensión que tiene un porcentaje bastante más alto (36%), el miedo (20%), y los sentimientos positivos como la esperanza es cinco puntos más bajo (32%), mientras que la determinación, la compasión y la confianza son muchísimos más bajo —entre un tercio y la mitad menos—. Asimismo, sobre la percepción del impacto del coronavirus en el ingreso, el 31% de los europeos considera que ese impacto ya se percibía en 2021, siendo más fuerte en el caso de España con el 37%. Igualmente, el 31% de los europeos declara que tiene dificultades para pagar sus cuentas a fin de mes (7% la mayor parte del tiempo, 24% de vez en cuando), cifra ligeramente más alta en el caso de los españoles, el 33% (9% la mayor parte del tiempo, 24% de vez en cuando).

Esa situación de vulnerabilidad se refleja también en los asuntos que les gustaría que fueran abordados con prioridad: en primer lugar, la salud y seguridad social (el 23% en la UE, el 35% en España); medidas para fortalecer la economía y crear empleo en segundo lugar (el 15% en la UE, el 21% en España). En tercer lugar, pero a una gran distancia se señala el cambio climático (11% y 13% respectivamente) y muy lejos quedan los derechos humanos (6% y 5%). Llama la atención que el combate al terrorismo y al crimen organizado no tiene ninguna importancia entre lo que las personas consideran relevante en su vida (5% en la UE, 0% en España). Es decir, los temas considerados fundamentales para su vida y para su seguridad en un sentido integral poco tienen que ver con las definiciones institucionales de seguridad que obtienen crecimientos presupuestarios sin precedentes en la historia de Europa desde la II Guerra Mundial. Sin embargo, aspectos relativos a la salud, la seguridad social o el salario, que es la fuente fundamental de los ingresos de todo trabajador, se presentan como necesidades prioritarias y, en la misma medida, asociadas a la percepción de vulnerabilidad y desamparo que significaría su empeoramiento; de ahí también que el asilo y la migración tengan un muy escaso peso en las prioridades tanto de europeos como de españoles (4% y 3% respectivamente) y que la manipulación ideológica que hace la derecha al presentarlos como una amenaza surta efecto entre una población que ve desmoronarse el bienestar sostenido en derechos económicos y sociales logrados en la segunda mitad del siglo XX.

En general, podemos decir que estos datos tienen una relación directa con la base emocional en la que se sostiene la derechización ideológica. La extensión del descontento político es también capitalizada por esa derecha para presentarse como una opción de cambio, incluso radical. Así, el 57% de la población europea considera que las medidas adoptadas por los respectivos gobiernos son incorrectas, mientras el 32% considera que son correctas; en el caso de España la cifra se dispara a un 72% que considera que son incorrectas mientras sólo el 17% las considera correctas. De ahí que el 43% de los europeos y el 51% de los españoles se declaren nada satisfechos o no muy satisfechos con el funcionamiento de la democracia.

Es decir, el reconocimiento de los derechos económicos, sociales y culturales, en su fundamentación y justiciabilidad, es una herramienta imprescindible para lograr la dignificación de la vida y la seguridad de las personas en una sociedad que ponga en el centro el bien común frente a las concepciones restrictivas y punitivas de la seguridad, que lejos de funcionar han profundizado las fracturas sociales y la violencia en amplia escala, convirtiéndose en un terreno propicio para la penetración de las ideologías del odio en las sociedades europeas, como hemos visto a lo largo de este libro. Además, son una herramienta esencial para pensar en el desarrollo de políticas de seguridad alternativas.

Retos y desafíos para una política de seguridad integral

La seguridad, como plantea Bauman, es un asunto colectivo y comunitario; una cualidad necesaria para una vida feliz, lo que hace referencia a la multidimensional de ésta. La (in)seguridad es un desafío al común, al mismo tiempo que la comunidad es quien aporta seguridad en este mundo hostil. En la misma medida, la inseguridad nos afecta a todas y todos, colectivamente, y es adentrándonos en sus raíces estructurales que podemos pensar en soluciones integrales para el bien común ya que, como dice Bauman citando a Beck, «[S]e nos pide que busquemos soluciones biográficas a contradicciones sistémicas; buscamos la salvación individual de problemas compartidos. Es improbable que esa estrategia logre los resultados que buscamos, puesto que deja intactas las raíces de la inseguridad; además, es precisamente ese recurso a nuestro ingenio y recursos individuales lo que introduce en el mundo la inseguridad de la que queremos escapar» (2009, p.141).

Una política de seguridad integral debe descansar en el cuidado mutuo y los vínculos comunitarios; soluciones muy distantes a la compra de seguridad y certidumbre privada de esta sociedad securitaria, que únicamente aíslan al sujeto y lo recluyen detrás de rejas, muros y alarmas. La ideología neoliberal dominante transformada en el sentido común de la ciudadanía impuso una concepción punitiva de las relaciones sociales y de la percepción del "otro", percibido como amenaza, que ha hecho de la gestión del miedo un exitoso mecanismo de control a la par que invisibiliza la concepción/condiciones de una seguridad integral así como las causas profundas y agentes que son en realidad una amenaza al bien-ser-estar común de la población.

Como señala lúcidamente Wacquant: «La realización de la utopía neoliberal no consiste, entonces, en menos Estado, no radica en la desaparición del Estado sino que es menos Estado en materia económica y social... es también, por otro lado, más Estado, un Estado intrusivo y paternalista que se traduce en una reducción e, incluso, privación de libertades, para quienes son condenados a un trabajo precario» (2017); esto es lo que hay que desmontar. En este sentido, el Estado de seguridad neoliberal es la hidra de mil cabezas que se requiere transformar en pos de un Estado social que recupere los derechos humanos, económicos y sociales de las grandes mayorías excluidas a las que se ha privado del ejercicio de una ciudadanía plena, imposible en medio de una vida de carencias.

La seguridad está directamente asociada al bien-ser-estar que propone Boltvinik (2020) como satisfacción de las necesidades humanas, necesarias para conservar la vida en un sentido pleno, físico, mental y emocional; de ahí que sean consideradas como necesidades "radicales", en cuanto apuntan a la raíz de la vida, universales e interconectadas; si alguna no está satisfecha, afecta y bloquea a las otras. Éstas son las que habría que recuperar en una política de seguridad integral en tanto no se trata únicamente de necesidades básicas sino que responden a la realización del bienestar humano. Como señala Larenas, «los problemas de seguridad/inseguridad no constituyen una realidad objetiva independiente de nuestro desempeño en el mundo» (2013, p. 88); esto nos coloca en la necesidad de desmantelar las concepciones y lineamientos de seguridad dominantes por su carácter descontextualizado, ahistórico y orientado a la defensa de los intereses de una minoría.

¿De qué amenazas protegerse? Bauman nos alerta de que identificamos las amenazas más visibles y evidentes, como las que tienen que ver con la delincuencia o con la contaminación de alimentos, sin embargo, las «acciones condenables cometidas "en el nivel superior"… suelen pasar desapercibidas» (2009). Como señalan Kleinman, Das y Lock, el sufrimiento, «tienen su origen y consecuencias en los devastadores daños que la fuerza social puede infligir a la experiencia humana… resulta de lo que el poder político, económico e institucional le hace a la gente y, recíprocamente, de cómo estas formas de poder influyen en las respuestas a los problemas sociales» (1997, p. IX). En este sentido, es imprescindible identificar aquellas amenazas profundas y estructurales asociadas con las decisiones de los actores gubernamentales que inciden en las necesidades cotidianas de las personas: políticas laborales que condenan a la pauperización y vulnerabilidad, políticas económicas que no generan empleo de calidad mientras respaldan procesos de acumulación, políticas de ajuste que condenan a la extinción los servicios sociales compensatorios, privatización de la educación, salud y la misma seguridad, corrupción e impunidad en las élites, extractivismo y saqueo de los recursos vitales y estratégicos del país, inacción ante el cambio climático y sus efectos, prioridades de inversión en el sector armamentista y en los cuerpos de seguridad del Estado, pago de deuda externa anteponiendo las ganancias del sector financiero internacional por encima de los intereses de la población, legislaciones punitivas que condenan a niños y jóvenes como seres prescindibles, etcétera.

Sin duda, las preguntas esenciales que plantea Baldwin (1997) para caracterizar un enfoque de seguridad tienen que ser retomadas de cara a imaginar y debatir sobre una concepción de seguridad alternativa que incorpore la perspectiva del bien común y rompa con los cánones dominantes impuestos. Pensar la ¿seguridad para quién? y ¿seguridad para qué? está directamente vinculado con la concepción de seguridad que se asume. El enfoque de seguridad integral, tal como lo hemos planteado desde su carácter multidimensional, incluyente y emancipatorio proporciona múltiples elementos para el debate. En primer lugar, la necesidad de romper el cerco de la seguridad restringida al ámbito de seguridad ciudadana o al ámbito policial-militar para situarnos en la seguridad que garantiza la liberación de las necesidades que hace posible la vida digna de las personas y su desarrollo (alimentarias, de vivienda, educación, trabajo, salud, atención en la vejez, cuidados, participación, toma de decisiones, seguridad ciudadana, ausencia de guerras, atención ante desastres naturales, soluciones al cambio climático).

La seguridad, por tanto, no es la seguridad del poder y de los Estados sino la de las personas, los grupos y las comunidades. La persona es el fin y el Estado simplemente el medio y como tal hay que situarlo: «Es ilógico privilegiar la seguridad del medio en vez de la seguridad del fin. Se puede hacer una analogía con una casa y sus habitantes. Una casa requiere mantenimiento, pero es ilógico gastar excesivas cantidades de dinero y esfuerzo para proteger la casa de inundaciones, humedades y ladrones si esto perjudica al bienestar de los habitantes» (Booth, 2013, p. 108). El bien común y la emancipación de las necesidades de las grandes mayorías que han visto afectados sus derechos políticos, sociales y económicos, puestas en riesgos sus condiciones y posibilidades de vida, tienen que estar en la respuesta a la pregunta ¿seguridad para qué? y ¿seguridad para quiénes?

Desde el sentido de la seguridad como emancipación es imprescindible la reconstrucción de un Estado social que ponga en el centro las necesidades de las personas y que traslade el gasto en seguridad y defensa, que ha crecido de forma exponencial, hacia programas sociales. Así, en relación con los costos y medios, el cambio en la concepción conlleva una reorientación de los recursos. Se ha sostenido durante todo el ciclo neoliberal que era necesaria la contención del gasto social mientras se favorecía la acumulación y aumentaba de forma constante el presupuesto de los cuerpos de seguridad del Estado y el gasto de defensa, incluido el de armamento. La reorientación de esos recursos, así como el debido pago de impuestos sobre la renta por parte de las grandes fortunas y empresarios es un primer paso en la construcción de una seguridad alternativa. Se requiere también una politización de la seguridad frente a la despolitización de los enfoques securitarios, en el sentido que hemos expuesto anteriormente. Esto responde a los criterios para dar respuesta a ¿desde dónde? ¿con qué criterios? ¿con qué costos? Y continúa respondiendo a la pregunta ¿para quiénes la seguridad?

Éste es el gran reto para la izquierda del presente, pensar en la posibilidad de una política de seguridad que permita la transformación del Estado de seguridad vigente, de la misma manera en que se han pensado políticas distribuidoras y de reconstrucción del Estado social. El problema es, sin duda, altamente complejo y está atravesado por múltiples escalas (geopolítica internacional, nacional, local), dimensiones (económica, social, cultural, ideológica, inseguridad pública), y actores (movimientos sociales, partidos, sindicatos), lo que incluye la propia formación de los cuerpos de seguridad desde otra perspectiva, con programas definidos que no se limiten a cursos puntuales de derechos humanos, con selección de los sujetos que las integran desde la base hasta el alto mando, así como transformar la institucionalidad existente (organización, reglamentos, directrices) para responder a una nueva orientación integral y alternativa. Una formación para la guerra y con carácter contrainsurgente como prevalece en la actualidad, es inconsecuente con una opción de seguridad integral. En este sentido, una política de reconstrucción del Estado social no puede ser ajena a una política de seguridad integral y viceversa; ninguna puede avanzar con estabilidad en el tiempo sin la otra.

De la misma manera que se ha avanzado en las últimas décadas en el ámbito de la justicia transicional frente a la violación de derechos humanos y el terrorismo de Estado, habría que pensar en un equivalente sobre violación de derechos económicos y sociales en el marco de una guerra económica y social desatada por el Estado neoliberal. Como plantea Ligia Bolívar: «Tenemos [en relación con los derechos civiles y políticos] un conocimiento adecuado del contenido de cada uno de estos derechos y del papel que el Estado debe jugar para su protección. Sabemos con bastante precisión a quién dirigirnos, cómo hacerlo, qué recursos utilizar, qué pruebas recabar, qué pregunta formular al denunciante. Tenemos, además, un conocimiento considerable sobre cómo hacer que la denuncia trascienda los medios, cómo organizar a las víctimas o a sus familiares e involucrarlos en el proceso de defensa» (1996, p.33), mientras que nada de esto sucede con los derechos económicos y sociales. Hay un gran camino por recorrer en este sentido de cara a lograr la restitución de justicia ante los impactos de la violencia social y económica de la que son objeto y objetivo diariamente las grandes mayorías sociales.

También, al ser la persona, grupos y comunidades el referente de la seguridad, será fundamental conocer sus experiencias de (in)seguridad así como sus propuestas de cara a delinear una política de seguridad incluyente y, necesariamente, participativa, lo que responde a una transformación de las relaciones de poder y de la forma de hacer política. Como nos recuerda Booth, hay que «pensar sobre la seguridad desde la perspectiva de la gente desposeída del poder —los que han sido silenciados tradicionalmente por las estructuras prevalecientes—» (2013). Se trata de colocar en la mesa de discusión a los actores que histórica y habitualmente han sido invisibilizados, quienes, además, son los que soportan en este momento los costos económicos, sociales y políticos de una política de seguridad dirigida por y para los intereses de la minoría con acceso al bloque de poder (Marcus, 1999).

Por último, una política de seguridad integral requiere una transformación a nivel educativo que contribuya a un cambio de mentalidad en la formación de las nuevas generaciones para poner en foco de atención e interés en el bien común de las grandes mayorías. En el mismo sentido, será necesario garantizar una política informativa y formativa en medios de comunicación, así como su regulación, poniendo el interés colectivo por encima del interés individual.

Tal vez nuestro mayor reto para pensar y construir una seguridad alternativa pasa por liberar nuestra imaginación y nuestra palabra de los cánones dominantes que nos constriñen al campo del posibilismo pragmático o, peor aún, a la negación de cualquier alternativa; también pasa por hacerlo colectivamente, sumando ideas, experiencias, propuestas. Tal vez, ¡sólo tenemos que atrevernos!

Bibliografía

Antillano, A. (2013). Repolitizar la inseguridad. *Espacio Abierto Cuaderno Venezolano de Sociología, 22* (3), 581-591.

Bauman, S. (2009). *Comunidad. En busca de seguridad en un mundo hostil.* Siglo XX

Baldwin, D.A. (1997). The Concept of Security. *Review of International Studies, 23,* 5-26.

Boltvinik, J. (2020). *Pobreza y florecimiento humano. Una perspectiva radical.* Editorial Itaca-Universidad Autónoma de Zacatecas.

Bolívar, L. (1996). *Derechos económicos, sociales y culturales: derribar mitos, enfrentar retos, tender puentes.* Serie estudios básicos de derechos humanos. UNAM.

Booth, K. (2013). Seguridad y emancipación. *Relaciones Internacionales, 23,* 99-116. DOI: 10.15366/relacionesinternacionales2013.23.005

Buzan, B., Waeve, O. y Wilde, J. (1998). *A New Framework for Analysis.* Lynne Rienner

Declaración Universal de los derechos humanos (1948). ONU. https://www.un.org/es/about-us/universal-declaration-of-human-rights

Derechos Económicos, sociales, culturales y ambientales (DESCA). ONU. http://www.ohchr.org/es/human-rights/economic-social-cultural-rights

Ellacuría, I. (1978). *Historización del bien común y los derechos humanos en una sociedad dividida.* Centro de Documentación Virtual Ignacio Ellacuría, Universidad Centroamericana.

European Parliament (2021). *Eurobarometer Resilience and Recovery.* EU Parliament.

Galtung, J. (1998). *Tras la violencia, 3R: reconstrucción, reconciliación, resolución.* Bakeaz/Guernika Gogoratuz.

Kleinman, A., Veena D. y Margaret L. (eds.) (1997). *Social Suffering.* University of California Press.

Kosic, K. (1967). *Dialéctica de lo concreto (Estudio sobre los problemas del hombre y del mundo).* Grijalbo.

Larenas Álvarez, A. A. (2013). La confluencia entre estudios críticos de seguridad y seguridad humana: las dinámicas de inclusión y superación. *Relaciones Internacionales, 23,* junio-septiembre, 81-98.

Marcus, G. (1999). Foreword. En Jutta Weldes, Mark Laffey, Hugh Gusterson, Raymond Duvall (Eds.). *Cultures of Insecurity: States, Communities, and the Production of Danger.* University of Minnesotta Press.

Morte Gómez, C. (2018). Los derechos económicos y sociales en la jurisprudencia reciente del Tribunal Europeo de Derechos Humanos: una selección. *Teoría y realidad constitucional,* 42, 551-568.

Pacto Internacional de Derechos Económicos, Sociales y Culturales (1976). ONU.

Pérez de Armiñón, K. (2007). El concepto y uso de la seguridad humana: análisis crítico de sus potencialidades y riesgos. *Revista Cidob D'Afers Internacionals, 76,* 59-77.

PNUD (1994). *Informe sobre desarrollo humano 1994.* FCE

Rodríguez-Rejas, M. J. (2021). Capitalismo de guerra y Estado de seguridad. Lastres y desafíos. *Estudios Latinoamericanos,* (47-48), 109–130.

Tickner, A. B. (2020) *El concepto de seguridad: aportes críticos.* Friedrich Ebert.

Wacquant, L. (2017). *El discurso de la (in)seguridad.* http://www.youtube.com/watch?v=lpd28oP47mo

Zemelman, H. (1992). *Los horizontes de la razón. Uso crítico de la teoría,* tomo 1: *Dialéctica y apropiación del presente. Las funciones de la totalidad.* Anthropos/El Colegio de México.

Claves de seguridad vital y reparto del común: la renta básica en el tránsito hacia la superación del capitalismo y el neofascismo

Juan Ramón Rodríguez Fernández[34]

La pandemia mundial del covid-19 ha ocasionado, al menos, tres graves crisis interrelacionadas. La primera, la crisis socio-sanitaria con millones de personas contagiadas y más de 6 millones de fallecidas en todo el mundo. Solamente en España, a fecha de 2023, las estadísticas oficiales referían algo más de 125.000 fallecidos a causa de la pandemia. Incidencia que varía significativamente según el estrato social de las personas, afectando con mayor gravedad a los sectores sociales más vulnerables, a las clases sociales subalternas, y a la población inmigrante. Una segunda crisis, la económica, ha puesto sobre la mesa las falsedades y espejismos del discurso neoliberal en relación a sus planteamientos de las teorías del goteo y del capital humano al mostrar con crudeza, por un lado, las limitaciones de la privatización de pilares centrales del Estado de bienestar social como son la sanidad, pero también la atención social y la educación; y, por otro lado, las limitaciones de la estrategia de precarización del mercado laboral y la degradación de trabajos esenciales para la sociedad como son los relacionados con los cuidados de las personas, la educación o la sanidad, pero también los relacionados con el suministro y reparto de productos y mercancías. Y una tercera crisis ha sido la relacionada con los periodos de paralización del proceso productivo y por ende del proceso circulatorio del capital, que han supuesto un potencial riesgo sistémico para la propia pervivencia del capitalismo como sistema de organización social mundial (Harvey, 2013 y 2020).

Todas estas crisis han contribuido a potenciar el surgimiento de planteamientos xenófobos, antiinmigración y que niegan la convivencia y solidaridad social. En todo caso, las diferentes facetas y dimen-

---

34 | Profesor de la Universidad de León (España).

siones de la crisis generada por el covid-19 nos han obligado a repensar cómo deberíamos organizar la distribución de la riqueza y del empleo, la utilidad social de los puestos de trabajos, las bases sociales sobre las que organizar nuestras comunidades y la organización del espacio y de la movilidad urbana, entre otras cuestiones. La interrelación de estas crisis ha sido la tormenta perfecta para el asentamiento y el auge de discursos autoritarios y xenófobos basados en el miedo y en el resentimiento por las promesas incumplidas del discurso neoliberal.

Pero es en las crisis donde es posible ver no solamente el funcionamiento real de las entrañas de los discursos sociales hegemónicos, que en nuestras sociedades actuales proceden mayoritariamente del horizonte discursivo liberal, sino que también de aquellas propuestas potencialmente antagónicas —como la Renta Básica—, que se nutren de discursos alternativos y en oposición a los discursos hegemónicos. Así, es en las crisis del viejo orden social dominante donde es posible vislumbrar las grietas y los espacios para la generación de alternativas emancipadoras. Espacios donde surge las oportunidades para la *articulación* de horizontes discursivos alternativos (Laclau y Mouffe, 1987) y la construcción de «inéditos viables» (Freire 1992).

Las respuestas sociales herederas de los discursos liberales, bien en su vertiente social-liberal o en su vertiente neoliberal —como pueden ser las de las de las de las políticas de ingresos condicionados, como el reciente Ingreso Mínimo Vital (IMV) en el caso de España— tienen una serie de limitaciones y problemas inherentes a su propia naturaleza (Gimeno, 2020). Frente a estas propuestas de naturaleza *asistencialista* argumentaré las posibilidades de la Renta Básica como instrumento de cambio *amplio* y *estructural* para contribuir a la transformación social y avanzar en la construcción de un horizonte discursivo alternativo al generado por el capitalismo neoliberal, autoritario y de crecientes tintes xenófobos. Un cambio estructural basado en retomar la noción del *bien común* (Ostrom, 2000).

1. Encrucijadas pospandemia: ¿asistencialismo o cambio social?

Ante crisis tan profundas e importantes como la pandemia mundial del covid-19 suelen producirse por parte —habitualmente— de dirigentes políticos, alocuciones y discursos que claman por el cambio de fondo y por una transformación social profunda e integral. Declaraciones que abogan por una transformación radical y profunda que afecte a las causas que en última instancia son las generadoras de tales problemáticas. Pero también es cierto que, a medida que el tiempo va pasando y que nuevas noticias van inundando nuestras redes sociales y medios de comunicación, ese ímpetu renovador y transformador va perdiendo fuelle dando paso rápidamente a posturas más moderadas y más conservadoras.

Así, podemos delimitar *grosso modo* dos grandes posturas ante la aparición de hechos y situaciones catastróficas, como la del covid-19. Por una parte, el *asistencialismo* y, por otra, la *transformación* o el *cambio social*.

El asistencialismo pone sobre la mesa la atención a aquellos grupos sociales que han sido más afectados por la crisis, articulando y poniendo en marcha ayudas (económicas, sociales, culturales, educativas, etcétera) dirigidas específicamente a estos grupos y colectivos. Una ayuda que, al no alterar las estructuras que en última instancia operan detrás de las problemáticas y de las crisis o al estar dirigidas simplemente al alivio de los efectos colaterales de las mismas, corren el riesgo de generar dependencia en las propias personas beneficiarias. A su vez, pueden contribuir a potenciar los discursos populistas de derechas basados en el revanchismo (Sandel, 2020) que impulsan los discursos antiinmigración que criminalizan a los grupos más vulnerables beneficiarios de estas ayudas. Mientras que el cambio social transformador pone el énfasis en las estructuras subyacentes —mecanismos generativos, condiciones estructurales, etcétera— a las crisis. Su objetivo pasa entonces por modificar, eliminar, remover las causas estructurales que han dado lugar a las crisis, con el fin de evitar volver a la situación previa que ha generado las bases para la aparición de la crisis.

La crisis del covid-19 nos ha mostrado ejemplos de estos dos grandes planteamientos. Así, por ejemplo, ha habido discursos y propuestas que ponen el énfasis en el papel de las políticas neoliberales y en los desarrollos que éstas han tenido en diferentes dimensiones (ecológica, biológica, económica, arquitectónica, urbanística, convivencia, etcétera) en el surgimiento y posterior gestión de la pandemia (Harvey, 2020). Otras propuestas se han limitado a defender la necesidad de reforzar los sectores del Estado de bienestar, mediante intervenciones rápidas que, al introducir dinero público como si se tratase de una inyección de adrenalina, reanimasen el tejido económico y productivo ante la *parada cardiaca* que supusieron las medidas sanitarias (confinamientos, parada de sectores laborales no esenciales, restricciones de movilidad, etcétera) dirigidas a evitar contagios y la extensión del virus por el conjunto de la población. Cada una de estas dos formas llevan implícitas diferentes formas de entender el papel del Estado y diferentes cosmovisiones, es decir, bajo cada una de ellas laten diferentes visiones sobre cómo debe organizarse la sociedad, sobre la concepción de sujeto e, incluso, sobre cuestiones como la participación político-ciudadana, el rol de la educación, la concepción/aceptación de la desigualdad y la exclusión social, etcétera. Aunque es evidente que existen espacios compartidos y zonas comunes entre estos dos polos, sus propuestas miran a direcciones y a valoraciones antagónicas sobre el orden social y sobre cómo hay que afrontar el avance de los discursos xenófobos y neofascistas.

Una tercera posición, podríamos argüir, plantearía primero intervenir con rapidez y eficacia ante los desastres ocasionados por la crisis; y, después, con calma, atender a las cuestiones referidas y dirigidas al cambio estructural.

1.1. El dilema entre el cambio transformador y el asistencialismo[35]

Asumir una posición u otra tiene consecuencias importantes: puesto que al final son propuestas que avanzan en sentidos opuestos —aunque puedan tener espacios compartidos temporalmente—; y tanto una como la otra conllevan un esfuerzo (económico, presupuestario, de recursos, etcétera) por parte del Estado. Como se suele decir, los recursos son siempre limitados y el hecho de asumir una u otra dirección implica retraer recursos de la otra opuesta.

Así, las medidas, ayudas y prestaciones de carácter paliativo reducen la capacidad que el Estado puede tener en el futuro a la hora de acometer medidas de gran calado transformador, bien sea porque reducen su músculo económico, bien sea porque apuntalan estructuras, lógicas y dinámicas que queremos transformar o eliminar. Por ejemplo, las ayudas municipales al alquiler para personas en situación de riesgo o pobreza son medidas que cubren una necesidad social básica —recogida por cierto en la Constitución española—, pero que sin embargo contribuyen a mantener al alza los precios del alquiler, a

---

35 | Buena parte de lo expuesto en esta sección es fruto de varias conversaciones informales con César Cascante Fernández, profesor jubilado de las universidades de Oviedo y de Valencia.

potenciar el negocio privado de los alquileres y, en última instancia, limitan las posibilidades de las administraciones públicas de emprender otro tipo de planteamientos.

En la misma línea podríamos situar las *ayudas de emergencia social* o las *prestaciones económicas de lucha contra la pobreza*, medidas que tratan de aliviar o paliar el problema de la pobreza, pero que no tocan en absoluto las estructuras generadoras de la creciente desigualdad social de nuestras sociedades. El caso de los *Expedientes Temporales de Regulación de Empleo* (ERTE) es un ejemplo que se puede ubicar dentro de esta perspectiva asistencialista ante la pandemia del covid-19. Los ERTE han mantenido los ingresos económicos de una parte importantísima de la población empleada española, ha permitido la continuidad de miles de empresas y de puestos de trabajo... Pero no es una medida dirigida a la transformación de las relaciones laborales, a la reducción de la precariedad, a la potenciación de la innovación y la creación de puestos de trabajo de alta cualificación, al fomento de la economía verde, a la eliminación de la brecha salarial de género, etcétera. Es una medida que alivia los síntomas y desastres generados como consecuencia del covid-19, pero que, en última instancia, contribuye a reforzar las estructuras que en buena medida han generado la situación actual ante la pandemia, porque son medidas que implícitamente buscan volver a la situación previa a la pandemia, es decir, "volver a la normalidad". Son por tanto medidas que por su cortoplacismo no pueden tener un gran impacto a la hora de combatir propuestas ideológicas de carácter fascista y xenófobo, pudiendo ser incluso adoptadas temporalmente por estos discursos autoritarios a través de un estado de bienestar social chovinista y nativista.

Aun así, es muy evidente que, ante la magnitud de los desastres ocasionados por la pandemia[36], era necesario intervenir y atender las necesidades que surgieron y a los colectivos más desfavorecidos y que más sufrían. Obviar esto sería caer en un cruel maniqueísmo. Pero debe tratarse de una intervención suficiente y limitada que no hipoteque en el futuro los intentos por reformar las estructuras generadoras de la crisis. Las ayudas asistenciales deberían dar paso a medio plazo a propuestas más ambiciosas, que no aparten el foco de la mirada de lo

---

36 | La Organización Internacional del Trabajo (OIT) estima que a consecuencia de la pandemia se han perdido en todo el mundo cerca de 500 millones de puestos de trabajo a tiempo completo (Organización Internacional del Trabajo, 2020).

realmente importante ni dificulten su puesta en marcha. En resumen, aunque miremos a la crisis del covid-19 con una perspectiva estructural, no podemos olvidar la atención asistencial, evitando eso sí caer en el mero *asistencialismo*.

2. Premisas para el cambio transformador: el bien común como horizonte para el cambio social

Un planteamiento que se dirija al cambio estructural tiene que asumir una serie de requisitos que lo diferencien de las propuestas que se limiten a lo asistencial. Tales requisitos incluyen: a) un análisis de las estructuras ideológicas previas que han generado la aparición o agravamiento de la crisis, es decir, partir de los problemas existentes anteriormente, b) evitar la asunción de medidas cortoplacistas y de carácter superficial y cosmético, y c) un análisis que muestre el funcionamiento del viejo orden social previo, no con la intención de volver a él, sino con la intención de dirigirnos a un horizonte diferente. Un horizonte que nos haga alejarnos de escenarios que las políticas neoliberales y autoritarias han ido degradando de manera constante en las últimas décadas y que han contribuido poderosamente tanto a la aparición de la crisis, como a la escasa capacidad de nuestras sociedades para darle respuesta. Me refiero, como plantea Richard Sennett (2004), a la recuperación en el orden social del protagonismo de la noción del "bien común" (Ostrom, 2000).

La recuperación de "lo común", del "procomún" o del "bien común" (Rendueles y Subirats, 2016) significa retomar la preocupación por lo colectivo ante los problemas que las estructuras estatales tienen y han tenido a la hora de darle cobertura. Los múltiples laberintos burocráticos de las administraciones públicas son un buen ejemplo de tales limitaciones (Oliver, 2013; Ávila y García, 2015), pero también podríamos situar aquí los procedimientos de participación política y ciudadana delegada, que cada vez han ido empobreciéndose más y más, como los crecientes niveles de abstención de voto muestran. Esta recuperación de lo común conlleva una noción diferente de sujeto político. Una concepción diferente a la planteada por los discursos neoliberales, que enfatizan su vertiente individual y egoísta, y que acaban resultando ineficaces para combatir el surgimiento y el desarrollo de políticas autoritarias y neofascistas perfectamente compatibles y funcionales para las propuestas neoliberales.

Pero, ante las limitaciones de la gestión estatal de lo común, las soluciones neoliberales no han hecho más que empeorar la situación, con un fracaso absoluto a la hora de dar respuesta a las necesidades del conjunto de la ciudadanía, en cuanto a las experiencias de privatización que las políticas neoliberales han ido desarrollando desde los años 80 en todo el mundo. Ningún ámbito de lo común que ha sido privatizado ha dado lugar a un servicio de mayor calidad y utilidad para el conjunto de la ciudadanía, desde la gestión municipal del agua (Babiano, 2012), hasta la red ferroviaria[37] (Robinson, 2013), pasando por la atención sanitaria (Padilla, 2013 y 2019) o las telecomunicaciones. Otra cosa sea, que su privatización haya dado lugar a mayores rendimientos y productividad económica, la cual no siempre ha llegado a la base de la sociedad, como plantea la teoría económica del goteo, sino que los réditos son apropiados y se concentran en cada vez menos manos, como atestiguan diferentes estudios internacionales (Piketty, 2014). Así, esta situación ha dejado huérfano un espacio para la gestión y colaboración social que en el pasado se pensaba que podía ser cubierto por el Estado, mediante el Estado de bienestar o por el mercado mediante estrategias de privatización. Un espacio que nos indica una creciente preocupación por lo colectivo, es decir, por un nuevo sujeto que se diferencie de la noción de sujeto egoísta, consumidor y competidor que subyace en el capitalismo neoliberal y autoritario. Una concepción de sujeto —blanco, varón, heterosexual— que subyace en el centro de los planteamientos políticos xenófobos y neofascistas que recorren toda Europa y que están especialmente presentes en la victoria de Donald Trump en las elecciones presidenciales del 2024 de Estados Unidos.

La orientación al bien común como premisa para el cambio social, implica poner el foco en aquellos ámbitos que las políticas neoliberales han ido secuestrando del control de la ciudadanía. Son esos ámbitos los que actúan como gérmenes para el cambio social, como *grietas* (Holloway, 1999) que nos permiten ver el verdadero funcionamiento del capitalismo en su actual vertiente neoliberal y es partiendo de ellas que podemos imaginar otros horizontes a partir de los cuales construir un nuevo orden social y repensar nuestras vidas. La pandemia

---

37 | Para más información sobre el caso de la privatización de la red ferroviaria en Inglaterra, puede consultarse los trabajos del colectivo *Action for rail. People before profit* en http://actionforrail.org/the-four-big-myths-of-uk-rail-privatisation/

del covid-19 nos ha mostrado la necesidad de reforzar lo común en al menos los siguientes ámbitos: a) en la gestión de lo *ecológico y de nuestra relación con la naturaleza,* b) en la gestión de lo *comunitario y en la cohesión social,* c) en la gestión de los *flujos migratorios,* y d) en la gestión de la *participación de la ciudadanía.* Todas ella son dimensiones en las que las políticas neoliberales, mediante diferentes operaciones y estrategias de mercantilización y cooptación, han erosionado en buena medida el control democrático de la ciudadanía sobre las mismas.

La renta básica aparece aquí como un instrumento de transformación social con capacidad para reorientar su gestión hacia el bien común, como plataforma a partir de la cual poner en marcha experiencias de cooperación y colaboración que faciliten la expresión de comportamientos y actitudes altruistas y asociativas, cuya base no esté en competir, sino en compartir. Experiencias que actúen como barreras ante los discursos de odio y de base xenófoba. Como especie biológica que somos, nuestro acervo genético incluye la posibilidad de comportamientos solidarios, colaborativos y altruistas, aunque también egoístas, competitivos y violentos (Bermúdez de Castro, 2021). La historia de la humanidad, pasada y reciente, es prolija en ejemplos tanto de unos como de otros. No podemos modificar nuestra genética, pero *sí* podemos modificar las bases sobre las cuales se produce la expresión cultural de nuestros genes, mediante la puesta en marcha de estructuras sociales que actúen como plataformas facilitadoras de comportamientos solidarios y colaborativos. Somos seres biológicos, pero también culturales. Si se nos da la posibilidad de actuar de forma solidaria y altruista mediante la creación de redes sociales solidarias y colaborativas, será más probable que actuemos de forma solidaria y colaborativa a que actuemos de forma egoísta e individualista. Si uno de los ejes articuladores del orden social es la garantía del bien común, entonces será más factible que nuestro comportamiento sea solidario y altruista. Si en cambio, la sociedad se articula en base a los valores del individualismo competitivo, de la adquisición de bienes materiales como muestra de éxito social y de autorrealización personal, y del desprecio por el diferente, entonces será más probable que nuestro comportamiento se amolde, se *adapte,* a tales principios, creando el caldo de cultivo apropiado para el asentamiento de ideas xenófobas y de actitudes antidemocráticas. La renta básica por sus características puede constituir un marco facilitador de tales redes sociales basadas en la colaboración y la solidaridad.

En las líneas que siguen me centraré en argumentar las posibilidades de la renta básica a la hora de lograr el bien común, centrándome especialmente en su capacidad para fomentar el bien común en la dimensión de lo social, de lo comunitario.

3. La renta básica y el bien común: problemas estructurales previos al covid-19

Previo a la aparición de la pandemia del covid-19 ya eran evidentes una serie de problemáticas estructurales en nuestras sociedades. Problemáticas estrechamente interrelacionadas, que se refuerzan y articulan entre sí a través de discursos transversales como, por ejemplo, el discurso individualista del *emprendedor* (Moruno, 2015), los que justifican la desigualdad social en base a la *meritocracia* (Sandel, 2020), los *criminalizadores de la marginalidad y de la pobreza* (Wacquant, 2010) o la construcción de los *discursos racistas sobre la inmigración* (Van Dijk, 2003); y, a través de diversas operaciones y estrategias políticas y económicas transversales: reformas políticas en educación, sanidad, régimen laboral, etcétera. O mediante negociaciones y concesiones con sindicatos mayoritarios que no cuestionan radicalmente el orden social, o mediante la sumisión por parte de los gobiernos a los intereses de la banca, etcétera.

Así, en primer lugar, es necesario señalar una creciente desigualdad y polarización social a pesar del constante aumento de la riqueza, ya que su distribución en el conjunto de la sociedad cada vez es más deficitaria (Chacel, 2018). De modo que la concentración de la riqueza cada vez se centra en menos manos. La permanencia de niveles crónicos de precariedad, pobreza y desempleo son características estructurales de nuestras sociedades, las cuales no han hecho más que consolidarse desde el inicio de la hegemonía de las políticas neoliberales y aumentar exponencialmente con el estallido de la pandemia (Oxfam Internacional, 2021). Múltiples informes, tanto internacionales como de ámbito nacional, corroboran la existencia de estas problemáticas como elementos estructurales de nuestras sociedades (Naciones Unidas, 2020).

En segundo lugar, hay una creciente erosión del trabajo asalariado como mecanismo de inserción y pertenencia social. Las políticas neoliberales han ido precarizando progresivamente las condiciones laborales en todos los sectores laborales y en todos los estratos sociales. En primer lugar, como mecanismo para aumentar la productividad y los beneficios económicos, y, en segundo lugar, como mecanismo de disciplinamiento de la clase trabajadora, el *ejército de reserva* en palabras de Marx: "Si no aceptas estas condiciones de trabajo, ahí tienes la cola del desempleo". Así, se ha ido sustituyendo la idea del empleo indefinido a lo largo de una trayectoria laboral estable y progresiva como algo negativo para la economía, como algo contraproducente para el emprendimiento y la innovación y, en definitiva, como un anacronismo de una época pasada, el cual debe ser eliminado. Las consecuencias sociales de la precarización laboral tienen varios frentes desde la imposibilidad de iniciar proyectos vitales autónomos y propios —formar una familia, independizarse…—, hasta la generalización de problemáticas de salud mental como la ansiedad, la depresión, el estrés, pasando por el sometimiento y acatamiento a la autoridad de las reglas del mercado: "Si para conseguir un puesto de trabajo, por precario que este sea, tengo que hacer lo que sea y pasar por encima de quién sea, pues no me quedará otra remedio que hacerlo". Los cuidados y atención necesarios y esenciales durante el ciclo evolutivo o debidos a las contingencias inevitables de la vida: enfermedad, ancianidad… pasan a ser vistos como algo externo a nosotros —que debe ser mercantilizado—, como un obstáculo y traba para la consecución de nuestras metas individuales o como situaciones imposibles de compatibilizar y atender de forma adecuada bajo el manto de la precariedad laboral y del *habitus* neoliberal (Díez, 2018). La emigración al extranjero de buena parte de los egresados del sistema educativo español, formados mayoritariamente con recursos públicos, en busca de unas condiciones laborales dignas y acordes con sus titulaciones es otra muestra del impacto de las políticas neoliberales en el tejido social.

En tercer lugar, es destacable la progresiva pérdida de sentido, de utilidad social y de prestigio de la educación y del saber académico (Rodríguez Fernández, 2023). Como consecuencia del creciente influjo de las políticas neoliberales en educación, ésta ha ido perdiendo progresivamente su sentido y utilidad social para reducirse a un medio con el cual competir y pelear por un puesto de trabajo. Así, la educación se ha convertido en una suerte de *estación fantasma*, en un peaje previo por el cual todos deben pasar para poder acceder a la futura incertidumbre del mercado laboral. Un sistema laboral caracterizado por una escasez de puestos de trabajo y por las precarias condiciones laborales de los mismos. No debemos olvidar que la educación tiene además como objetivo el formar ciudadanos críticos y con capacidad para ejercer la ciudanía de forma responsable, no solamente transmitir las competencias laborales requeridas por el sistema productivo. Estas políticas neoliberales basadas en el individualismo y el fomento de la empleabilidad abocan al alumnado a un consumismo educativo, puesto que cada vez es necesario tener más certificaciones y acreditaciones formativas para poder competir un puesto de trabajo, que cada vez es más precario y con peores condiciones salariales.

En cuarto lugar, habría que señalar las limitaciones y la escasa capacidad de las prestaciones tradicionales de lucha contra la pobreza —herederas del pensamiento social-liberal—, no solamente ya para eliminarla sino incluso para ofrecer una cobertura que permita llegar a todas las personas que la necesitan. Prestaciones que se caracterizan por (Gimeno, 2020; Iglesias, 2002; Raventós, 1999) su escasa financiación, por su complejidad burocrática, por situarse por debajo del umbral de la pobreza y por un creciente sesgo caritativo y punitivo en su gestión. Son programas asistenciales que ni eliminan la pobreza, ni crean comunidad, ni fortalecen los vínculos sociales. Unicamente parchean una serie de problemáticas sociales, haciéndolas más fácilmente digeribles a la opinión pública y trasladando —punitiva y cuestionadoramente— la responsabilidad social a las propias personas empobrecidas, mediante el discurso de la meritocracia.

4. Cómo hemos llegado a esta situación: el ocaso de la socialdemocracia y la hegemonía del neoliberalismo autoritario

Desde la perspectiva estructural adoptada en este texto, parece necesario abordar una explicación de cómo se ha llegado a la situación actual de precariedad y de desigualdad social que engendra actitudes xenófobas y que potencia el rol de formaciones políticas populistas, neofascistas y autoritarias. Para ello me centraré fundamentalmente en el papel que el pensamiento neoliberal otorga a la educación a través de la teoría del capital humano. Esta teoría surge en los años cincuenta del siglo pasado en la Universidad de Chicago —uno de sus principales impulsores fue el premio nobel de economía Gary Becker—, y aparece desde sus orígenes vinculada al pensamiento económico neoliberal y con una decidida proyección internacional.

A pesar de la creciente pérdida de legitimidad del pensamiento neoliberal y de la constatación de sus limitaciones a la hora de dar respuesta a los problemas de nuestras sociedades, no deja de resultar paradójico que el concepto de *capital humano* siga siendo hegemónico en los principales debates y agendas políticas. No solamente los defensores del pensamiento neoliberal promueven las teorías del capital humano, sino que hasta grupos progresistas lo han asumido e incluido en sus propuestas de intervención social.

El discurso neoliberal surge enfrentado al discurso socialdemócrata y a sus planteamientos keynesianos que defienden la intervención pública del Estado en la economía y en la sociedad. Estos planteamientos se desarrollaron en Europa a partir del final de la Segunda Guerra Mundial, siendo dominantes durante el periodo 1940-1970 y proporcionando el periodo histórico de mayor bienestar de la sociedad europea mediante del incremento del sector público en sectores estratégicos centrales para la cohesión y logro del bienestar social. Un periodo denominado por algunos autores como los *30 años gloriosos*.

Durante la hegemonía del keynesianismo, el pensamiento neoliberal tenía un carácter marginal y secundario, pero comenzó a tener relevancia a partir de la crisis de crecimiento del capitalismo de los años setenta del siglo pasado: se producía más de lo que se podía consumir. Ante esta crisis de crecimiento, para el capital era necesario colonizar nuevos territorios que, por el auge de las políticas socialdemócratas, estaban en manos del Estado o en los que había una importante presencia de lo público: la sanidad, la educación, el transporte, la vivienda, los medios de comunicación, la administración, etcétera.

Este proceso de privatización de lo estatal para que resulte beneficioso para la empresa privada se viene realizando a diversas escalas y con diferentes procedimientos. Los sectores, o mejor dicho, aquella parte de los sectores en manos del Estado que podían proporcionar beneficios de forma inmediata, se privatizaban sin más, al menos hasta el momento que dejaban de ser rentables; otros, antes de pasar a manos privadas, debían ser saneados con dinero público; otros se privatizaban proporcionando subvenciones públicas para que no dependieran únicamente de capacidad adquisitiva de los clientes; otros, sin dejar de pertenecer al Estado, externalizan determinados servicios mediante contratas que a su vez se subcontratan; otros, si no son rentables económicamente, se eliminan… En definitiva, la cuestión no se trataba *únicamente* de eliminar lo público, como algunos movimientos sociales denunciaban, sino de *reorganizarlo* según los flujos del capital en el capitalismo neoliberal: reorganizar su funcionamiento interno, tenerlo suficientemente cerca para socializar las pérdidas cuando sea necesario y lo suficientemente lejos para privatizar las ganancias cuando estas se produzcan, eliminar aquellos sectores superfluos para la rentabilidad económica, modificar la estructura y características de sus plantillas de trabajadores, etcétera.

La constante necesidad del capital de colonizar nuevos espacios donde aumentar sus tasas de rentabilidad llega incluso a sectores como el de la atención social: desde la privatización de las instituciones residenciales para personas mayores, a los centros de atención a menores, hasta los cursos de formación para personas pobres (Rodríguez, 2016 y 2018)… Todo aquello que pueda ser susceptible de rentabilidad económica —o que, en su defecto, el Estado subvencione— puede y debe ser gestionado de forma privada. Si la gestión permanece pública no hay posibilidad de explotación económica ni de logro de beneficios económicos que, posteriormente, a través de los mecanismos de la teoría del goteo, acaben alcanzando al conjunto de la sociedad. Ese era el paradigma.

4.1. Mecanismos de subjetivación neoliberal: La teoría del goteo y la teoría del capital humano.

El neoliberalismo ha realizado este proceso de subjetivación psicológica y de colonización de lo estatal difundiendo, como si de una verdad fuera de toda de discusión se tratara, la *teoría del goteo*. Esta teoría la podríamos describir mediante el siguiente aforismo: a medida que incrementamos la acumulación de capital mediante mayores tasas de beneficios económicos, conseguimos un aumento en la demanda de trabajo puesto que las empresas contratarán a más trabajadores, la cual contribuirá al alza de los salarios y a una mejora de las condiciones laborales, y, en última instancia, dará lugar a un aumento del bienestar social del conjunto de la población —más personas trabajando, con más ingresos, que consumirán más—. La riqueza de los millonarios y de las multinacionales acabará repercutiendo positivamente en el conjunto de la población, a través de esa metáfora del *goteo*: la riqueza de los más ricos acaba llegando y beneficiando al conjunto de la población mediante la filtración progresiva de la riqueza. Y, precisamente, en este punto de la expansión de la demanda de mano de obra cualificada es donde cumple su función la *teoría del capital humano* en el sistema neoliberal. La educación, según esta teoría, y como planteábamos anteriormente, no puede tener un fin en sí misma, sino que debe estar al servicio de la expansión del capital y, por lo tanto, sometida a sus intereses, que son en última estancia la obtención de beneficios que acabarán extendiéndose por el conjunto social a través del aumento de la demanda de empleos cualificados y el correspondiente aumento de salarios.

Estos planteamientos han ido calando progresivamente en el conjunto de la opinión pública, siendo interiorizadas profundamente por buena parte de la ciudadanía. No son vistas como fruto de la ideología neoliberal, sino que se las percibe como verdades absolutas y centrales en la construcción del imaginario de un sujeto individualista, racional, consumidor, que elige entre las opciones que la sociedad —el mercado— le ofrece, que compite con sus congéneres a la hora de conseguir sus propios objetivos y metas, etcétera. En otras palabras, la construcción de un sujeto neoliberal (Díez, 2018). Por eso, para algunos autores hemos llegado al *fin de la historia*, no hay alternativas ideológicas válidas ante el pensamiento neoliberal, el cual ha dado con la tecla para el progreso social continuado. Esa tecla es la que ofrece la subjetividad neoliberal.

Sin embargo, tras medio siglo desde el comienzo de las políticas neoliberales como proyecto político de clase (Harvey, 2002), las desigualdades sociales no han hecho más que aumentar y el discurso del neoliberalismo no resiste un mínimo examen ante la situación actual en todo el mundo. Tal es así, que hasta el propio Papa Francisco ha denunciado las consecuencias del neoliberalismo en su encíclica *Fratelli tutti*[38].

Así, en contra de lo planteado por *la teoría del goteo* y del *capital humano*, el capital ha encontrado formas alternativas para obtener beneficios diferentes a los del aumento del número de puestos de trabajo y la mejora de las condiciones laborales. Por ejemplo, y de manera muy notoria, a través de la economía financiera, la cual hoy en día mueve un volumen de capital muy superior al que representan sectores económicos tradicionales de la economía real, como pueda

---

38 | Disponible en el siguiente enlace: https://bit.ly/3WdWFAy

ser la industria; otro procedimiento del pensamiento neoliberal para general beneficios es mediante la economía especulativa —que con la amenaza velada de la deslocalización para continuar socializando pérdidas y privatizando beneficios— no ha hecho más que crecer y aumentar su influencia; también los diferentes mecanismos de privatización de los servicios públicos se han convertido en un negocio semiespeculativo, en los que los beneficios a corto plazo van de la mano de un empeoramiento de la calidad del servicio, repercutiendo negativamente en el conjunto de la ciudadanía. Ante estos mecanismos neoliberales de creación de beneficios, el impulso de la innovación y de la creación de buenos puestos de trabajo —que ofrezcan unos salarios dignos para vivir y posibiliten al trabajador emplear sus conocimientos y creatividad personal— quedan relegados a un segundo plano, puesto que no son necesarios para el crecimiento económico.

En otras palabras, las vías abiertas por el capital neoliberal no significan una demanda de mano obra cualificada, con elevación de salarios y mejores condiciones laborales, sino que lo que fomentan en realidad es la existencia de un *ejército de reserva* dispuesto y dócil: dispuesto a ser precarizado ante la falta de oportunidades laborales y ocupacionales, y dócil ante la creciente erosión y precarización del empleo. Un marco laboral que actúa como excelente caldo de cultivo para la generación en la clase trabajadora precarizada, de actitudes racistas y xenófobas ante la inmigración —"porque nos quita el trabajo"—, y que favorece la ruptura de los lazos de solidaridad entre la clase trabajadora, fragmentándola, dividiéndola y haciéndola más débil y dócil, en una estrategia que ha sido denominada como *guerra contra los pobres* (Rodríguez Rejas, 2019).

Así, se pierde de referencia la idea de actividades laborales con potencialidad para ser un medio de desarrollo e integración personal, con las cuales además poder contribuir positivamente al bienestar del conjunto de la sociedad y de esa manera devolver a la sociedad lo que ésta ha invertido previamente durante los años de formación académico-profesional del trabajador.

Ante estos motivos, hay una doble situación que revertir en lo que se refiere a la consecución del bien común desde una perspectiva estructural. En primer lugar, la pérdida del sentido propio de la educación en cada uno de sus niveles que se ha producido por su sometimiento a las necesidades del capital, mediante la aceptación acrítica de las políticas neoliberales en sus desarrollos de las teorías del goteo y del capital humano. Y, por otro, la creciente precariedad laboral a la que se ven abocados no solamente los jóvenes, sino cada vez más amplios sectores del conjunto de la sociedad.

5. Propuestas para el cambio social hacia el bien común: la renta básica

La renta básica es una propuesta que va mucho más allá de las prestaciones asistenciales de lucha contra la pobreza, como puedan ser las rentas mínimas de inserción, el Ingreso Mínimo Vital (IMV), las ayudas de emergencia social o los subsidios por desempleo. No se limita a abordar asistencialmente la pobreza, sino que es en sí misma una herramienta dirigida a la transformación social. No es una herramienta de lucha contra la pobreza —como es el IMV—, sino que es un instrumento de lucha por la justicia social (Van Parijs, 2014), lo que la integra dentro de la perspectiva asumida en estas líneas de cambio estructural frente a la crisis.

La renta básica, en líneas generales, puede ser caracterizada como un ingreso económico periódico que el Estado otorga a cada ciudadano como derecho social, al mismo nivel que otras prestaciones sociales, fundamentales para la cohesión y bienestar social —como la educación o la sanidad—. En otras palabras, el Estado asume la responsabilidad de que cada persona tenga derecho a una existencia digna, por el hecho de ser persona, de ser ciudadano. En el mundo de la universidad esta propuesta comienza a ser reconocida y a entrar en el debate académico con el trabajo de Philippe van Parijs y de Robert Van der Veen "A capitalist road to communism", publicado en la revista *Theory and Science* en 1986. En ese mismo año surge la Red Global de Renta Básica, entidad que engloba académicos, activistas y personas interesadas en la renta básica y que organiza de manera periódica jornadas y congresos sobre esta propuesta. En el ámbito español se comienza a debatir esta propuesta en la década de los 90 del siglo pasado, en donde destacan los trabajos de los economistas Daniel Raventós (1999) y José Iglesias (1998, 2002 y 2004). Así, poco a poco, la renta *básica ha ido abriéndose camino en el debate político y público, con especial significancia en las reivindicaciones de movimientos sociales de protesta como el 15-M u Occupy Wall Street*[39].

---

39 | Para un análisis muy detallado de la evolución de la renta básica en España, puede consultar Pérez, C. (2018). *La renta básica. La peor de las soluciones, a excepción de todas las demás*. Madrid: Clave Intelectual.

Fruto de este interés, se han elaborado diversos estudios que exploran la viabilidad técnica y económica de esta propuesta, así como diferentes experiencias piloto, en donde destaca la iniciativa puesta en marcha por el gobierno finlandés en el periodo 2017-18 para estudiar los efectos de la implantación de un sistema de renta básica en el país (Standing, 2018). En el contexto español son especialmente relevantes los estudios de viabilidad económica y política de una Renta Básica elaborados por la Red Baladre y por el Colectivo Alambique (2019).

La renta básica tiene como características básicas los siguientes elementos estructurales, los cuales la diferencian de los planteamientos asistenciales de lucha contra la pobreza: es individual, pues se dirige a la persona y no a la unidad familiar, como es el caso de las prestaciones económicas de lucha contra la pobreza; por otra parte, es *universal* e *incondicional* abarcando a toda la ciudadanía, no se dirige únicamente a grupos en riesgo —evitando de esa manera caer en la estigmatización social, en la criminalización de la vulnerabilidad social y en la creación de redes de dependencia en las personas beneficiarias—, y se entiende como un derecho social independiente del medio social, laboral, económica, etcétera, de la persona. De esta manera, se desvincula su percepción de la obligatoriedad de participar activamente en las actuaciones formativas establecidas en el itinerario individualizado de inserción social[40]. Por último, es *suficiente* para dar respuesta a las necesidades sociales y vitales básicas, pues la cuantía económica que ofrece es superior al límite del umbral de pobreza[41]. Los programas de ingresos mínimos, como el Ingreso Mínimo Vital, no ofrecen una cuantía superior al umbral de pobreza y por ello no permiten dar respuestas a necesidades sociales tan básicas como el alojamiento, pues en muchos casos sólo los gastos derivados del alquiler de una vivienda ya superan ampliamente la cuantía económica de la prestación. Como señala Negri (1998), los programas de lucha contra la pobreza son un simple parche dirigidos más bien a evitar la revuelta social. Son, en ese sentido, un

---

40 | Para una crítica de los programas condicionados de lucha contra la pobreza y del papel que asume en ellos la educación puede consultarse: Rodríguez, J.R. (2016). *Entreteniendo a los pobres. Una crítica político ideológica de las medidas de lucha contra la exclusión social.* Albacete: Bomarzo.

41 | Existen diferentes propuestas en cuanto a la concreción económica de la renta básica, desde las más moderadas, que rondan los 700€, a las más ambiciosas, que se sitúan en torno a los 1000€. En todo caso todas se sitúan por encima del umbral de la pobreza que, según el INE, en España, en 2024, fue de unos 10.088€ anuales.

peaje que el capitalismo en su actual forma neoliberal y autoritaria paga para poder seguir legitimándose como orden social dominante.

5.1. *La renta básica como instrumento para el cambio estructural*
Dentro de primeras potencialidades que podemos plantear para el cambio social radical, es que la implantación de la renta básica sentaría las bases para la erradicación de la pobreza cuyo origen estuviera en la falta de recursos económicos. Esta herramienta consigue con mayor eficacia una redistribución de la riqueza que aquella conseguida por los programas de ingresos condicionados, los cuales focalizan su intervención en grupos sociales vulnerables y excluidos del sistema laboral. Programas que, además, por sus propias características buro-cráticas y punitivas no alcanzan a todas las personas que podrían ser beneficiarias de las mismas (Bargain, Immervoll y Viitamäki, 2012). La renta básica se dirige al conjunto de la ciudadanía, por tanto, no se limita a ser una propuesta de intervención basada en la caridad y el paternalismo dirigido a las personas pobres. La renta básica tiene fuertemente inscrito en su ADN la característica de ser universal y, de esta manera, evitar caer en el peligro de los estigmas sociales propios de las "ayudas para pobres".

La segunda de las posibilidades se centra en reestablecer el equi-librio de fuerzas entre el mundo del capital y el mundo del trabajo, al fortalecer la posición social de los trabajadores de cara a las nego-ciaciones laborales (Standing, 2013). De esta forma, se contribuye a mejorar las condiciones laborales de la clase trabajadora y se fomenta la reducción de la precariedad. Esta propuesta ofrece un colchón económico que permite al trabajador tener mayor libertad y capaci-dad de negociación para escoger los puestos de trabajo. Pasaríamos del modelo draconiano actual de "o lo tomas o lo dejas" a un modelo en el que el trabajador podría exigir unas condiciones de trabajo justas y dignas (Rodríguez Fernández, 2021). El restablecimiento de un equi-librio entre el capital y el trabajo tendría importantes consecuencias para la estructura laboral, de modo que, puestos de trabajo impres-cindibles para la cohesión y mantenimiento de toda sociedad —como tareas de limpieza, trabajos manuales pesados, cuidados a personas, etcétera—, que hoy no tienen un estatus social ni laboral reconocidos, pasarían a tener unas mejores condiciones retributivas y unas mejores condiciones laborales. Tareas que, no lo olvidemos, son fundamentales en cualquier sociedad.

Una tercera potencialidad de la renta básica es la reducción de la burocracia aparejada a los programas de transferencias condicionadas. Al tratarse de una prestación universal e incondicional no requiere una estructura burocrática dirigida a la comprobación de los medios económicos y materiales de las personas solicitantes. El caso del IMV es un ejemplo prototípico en este sentido, el cual es gestionado por la administración central pero tiene que coordinarse con el resto de prestaciones de ingresos mínimos que cada comunidad autónoma gestiona por sí misma, las cuales posteriormente tienen que coordinar diversas actividades vinculadas a estas prestaciones con las administraciones locales[42]. No es ninguna sorpresa que el IMV haya tenido múltiples problemas de gestión desde su inicio ante este laberinto burocrático en las ayudas para pobres (Paniagua, 2021). Vinculada a esta potencialidad de la renta básica, se abren nuevas posibilidades para los que los educadores y trabajadores sociales pudieran dedicar más tiempo a un verdadero trabajo socioeducativo con un mayor componente de transformación y movilización social (Gil y Candedo, 2019). Creo importante reseñar que la labor de estos profesionales, en el contexto de una renta básica, no desaparecería, sino que se movería hacia formas de trabajo social basadas en un enfoque comunitario, en donde el control y supervisión burocrático sería mínimo o inexistente.

El fomento de la participación ciudadana y de formas de organización basadas en el apoyo mutuo, el cooperativismo y el municipalismo sería otro de los espacios que la renta básica podría contribuir a abrir (Wright, 2001). Hay una vertiente enfatizada por las propuestas de renta básica con mayor carácter transformador, como las de la Renta Básica de las Iguales, en donde una parte de la cuantía económica se da a la persona mientras que otra se reserva para un fondo comunitario (Iglesias, 2002), en el que mediante procedimientos asamblearios y de democracia directa (Observatorio Metropolitano, 2015) se decide cómo se gestiona y cómo y dónde se gasta. Un planteamiento que además entronca con una concepción de sujeto político muy diferente de la esgrimida por los discursos liberales, tanto en su forma social-liberal como neoliberal, en donde el sujeto delega la toma de

---

42 | Para un análisis sobre la burocracia puede consultarse el excelente trabajo del antropólogo David Graeber (2015) *La utopía de las normas. De la tecnología, la estupidez y los secretos de la burocracia*. Barcelona: Ariel.

decisiones en élites y representantes para que estos defiendan sus intereses individuales, erosionando la naturaleza comunitaria y social de la vida (Iglesias, 2009; Biehl y Bookchin, 2009).

Este colchón de seguridad económica que ofrece la renta básica, podría ser un elemento que contribuya a la puesta en marcha de proyectos de emprendimiento que revistan verdadero sentido para la persona. En este sentido, se puede argüir que puede favorecer el desarrollo de iniciativas emprendedoras de carácter social, artístico o cultural al garantizar un colchón económico que permita el desarrollo de proyectos innovadores y que, en el contexto económico actual, tienen que afrontar enormes dificultades para su puesta en marcha: incertidumbre en relación a su éxito, rentabilidad o las trabas a la hora de acceder a financiación bancaria.

5.2. Superación de las teorías del capital humano

Desde el marco que ofrece la renta básica, la educación se aleja de los principios de la teoría del capital humano. Bajo este planteamiento, la educación se entiende como formación profesional y como subsistema del tejido productivo, dirigido a proveer, cual correa transmisora, las competencias profesionales requeridas por este último.

Al romper con la sumisión al mundo empresarial y con la centralidad de la empleabilidad, la educación se abre a espacios en los cuales es posible introducir contenidos de relevancia, de utilidad social y de carácter contrahegemónico que sirvan para desvelar las falsedades y las tergiversaciones de la ideología dominante. Que sirvan para fomentar otro tipo de valores sobre los que construir nuestras sociedades, valores diferentes a los pregonados por el pensamiento neoliberal y que se sustenten en el apoyo mutuo y la solidaridad. Es decir, se potencia el valor de uso social de la educación depreciado por las políticas educativas neoliberales.

Pero también, bajo el marco de una renta básica, la educación asumiría con plenitud el principio de "la educación a lo largo de toda la vida". No desde el punto de vista del capital humano, que nos aboca al continuo consumismo educativo para aumentar las credenciales formativas —seguir siendo empleables— en la lucha individual por los escasos y precarios puestos de trabajo, sino la de entender la educación como una actividad humanista de libre disfrute y de desarrollo personal. Adquirir más conocimientos y saberes que tengan un horizonte diferente al de su *intercambiabilidad* en el mercado de trabajo, compartir y discutir lo que uno sabe con más personas, por el mero placer y disfrute de enseñar y de aprender. Un planteamiento que de nuevo nos muestra nociones diferentes a las planteadas por el pensamiento neoliberal en relación al sujeto y a la propia ciudad: del sujeto competitivo y materialista de la ciudad neoliberal, al sujeto social de la *polis educadora* (Díez y Rodríguez, 2019).

Así, la renta básica contribuye a deshacer uno de los principales problemas —contradicciones según Harvey (2013)— que ha generado el discurso neoliberal en educación y es el del desequilibrio entre *valor de uso y valor de cambio de la educación* (Cascante, 2021). Como he señalado anteriormente, uno de los pilares teóricos del discurso neoliberal en educación es el de las teorías del capital humano, las cuales no ha hecho más que por un parte devaluar las credenciales formativas —porque cada vez es necesario tener más titulaciones para poder tener un puesto de trabajo que también es más precario—; y, por otra parte, considerar que la educación es un mero medio para obtener algo a cambio, perdiendo de referencia los aprendizajes o el disfrute personal que se pueda conseguir y cayendo en la espiral del consumismo educativo.

A pesar de lo que plantean las teorías del capital humano, el problema de nuestras sociedades, no es que los trabajadores estén mal o poco formados para las necesidades del tejido productivo, sino que el problema fundamental es la inexistencia de puestos decentes de trabajo disponibles. En el capitalismo neoliberal las vías para aumentar las tasas de rentabilidad no pasan necesariamente por aumentar el volumen de puestos de trabajo, sino por aumentar la rentabilidad a través de la explotación laboral, a través de la automatización del trabajo, a través de diferentes formas y estrategias de especulación y en definitiva a través de la generación de un "ejército de reserva" que contribuya a disciplinar y a precarizar aún más a la clase trabajadora (Harvey, 2013).

Según datos de la Agencia Europea de Estadística, en el último cuatrimestre de 2024 —y de manera consistente en los últimos años— hay un 2,3% de puestos de trabajo disponibles en Europa. Un porcentaje que en España se reduje a un 0,9%. La tasa europea de desempleo a finales de 2024 fue del 5,9% aproximadamente, en España ronda el 11,3% y en la población menor de 25 años supera el 15% en la UE y se acerca al 25% en España, después de superar picos de hasta el 50% en periodo de covid-19. Estas cifras nos muestran que el problema del desempleo no es una cuestión achacable al sistema educativo, como señalan las teorías del capital humano, sino que se sitúa en espacios que exceden al campo educativo. Esta situación aboca al alumnado al consumismo educativo y a la competitividad individual por los escasos y precarios puestos de trabajo disponibles.

6. Conclusiones

El neoliberalismo en cuanto proyecto político que lleva implementándose desde los años 80 del siglo XX, ha tenido consecuencias plenamente visibles en nuestras sociedades. Algunas de las más evidentes en relación al trinomio sociedad-trabajo-educación son las siguientes y se retroalimentan mutuamente:

- Crecientes niveles de desigualdad en todo el mundo (Piketty, 2014; Chacel, 2018; Sandel, 2020, etcétera) a pesar del crecimiento económico en términos globales. La pandemia del covid-19 no ha hecho sino aumentar estos niveles de desigualdad (Oxfam Internacional, 2021).

- Asentamiento y normalización de valores y discursos antidemocráticos basados en el autoritarismo, en el odio, en el egoísmo y en la xenofobia. Terribles muestras ello es la militarización y deshumanización de la gestión de los flujos migratorios en todo el mundo, muy concretamente en el Mediterráneo y en la frontera Sur de los Estados Unidos. De nuevo la victoria de Donald Trump en las elecciones norteamericanas del 2024 es un alarmante ejemplo de la extensión de estos discursos fascistas, basados en el odio y el resentimiento.

- Erosión del trabajo como medio fundamental para la inserción social, el reconocimiento social y el acceso a los derechos de ciudadanía (Guamán y Trillo, 2015). En donde destaca la precarización de los puestos de trabajo y la escasez de empleos que permitan una vida digna. El reciente fenómeno estadounidense de la "gran dimisión" puede leerse como una consecuencia de esta erosión del trabajo como instrumento de inserción social.

- Pérdida de sentido y degradación de la educación. El *valor de uso* de la educación cada vez es menor —el paso por el sistema educativo no garantiza dotar a las personas de las habilidades necesarias para leer críticamente los problemas sociales en los que están implicados como ciudadanos, ni para incorporar valores basados en la solidaridad y el civismo—. La educación cada vez ofrece un menor *valor de cambio* en el mercado de trabajo, condenando al alumnado a un consumismo educativo y al individualismo competitivo por los puestos de trabajo existentes, que cada vez son más precarios y escasos.

Ante este tipo de problemáticas, que repercuten negativamente en el bien común de la sociedad, es necesario pensar estrategias que desde una perspectiva estructural faciliten acercarnos a escenarios más propicios para el fomento del bien común. El Ingreso Mínimo Vital, así como otras prestaciones asistenciales de lucha contra la pobreza, no cuestionan las problemáticas estructurales, limitándose a poner parches y soluciones de carácter superficial y cosmético, las cuales, sin embargo, limitan e hipotecan la capacidad de las administraciones públicas para revertir y transformar la situación.

Por el contrario, la renta básica, partiendo de las propias problemáticas que el capitalismo neoliberal genera (precarización del mercado de trabajo, desigualdad social y pobreza, cronificación de la marginalidad, de la xenofobia, etc.) y que han sido exacerbadas por la crisis pandémica, establece los espacios y las prácticas que nos pueden permitir pensar alternativas para el logro de una sociedad más justa, cohesionada e igualitaria (Sennett, 2004). La educación, -y también otras áreas como el urbanismo, la participación, la cooperación y la ayuda internacional, etc.- bajo esta propuesta transformadora, se abriría a nuevos horizontes y dejaría de ser prisionera de los principios neoliberales del capital humano y de la empleabilidad. La Renta Básica, en estrategia junto a otras propuestas revolucionarias, tiene la potencialidad para favorecer el tránsito hacia una sociedad más justa e igualitaria, alejada de los valores imperantes del neoliberalismo autoritario, inmisericorde y xenófobo que se nos quiere imponer. No lo podemos permitir. Luchemos por un mundo mejor.

Bibliografía

Ávila, D. y García, S. (Coords.) (2015). *Enclaves de riesgo. Gobierno neoliberal, desigualdad y control social*. Traficantes de sueños.

Babiano, L. (2012). La privatización del agua en España: casi el 50% del suministra está ya en manos privadas. *El Ecologista*, (72), 18-20.

Bargain, O., Immervoll, H. y Viitamäki, H. (2012). No claim, no pain. Measuring the non-take-up of social assistance using register data. *The Journal of Economic Inequality*, 10(3), 375-395.

Bermúdez de Castro, J.M. (2021). *Dioses y mendigos: La gran odisea de la evolución humana*. Crítica.

Biehl, J. y Bookchin, M. (2009). *Las políticas de la ecología social: municipalismo libertario*. Virus.

Cascante, C. (2021). La educación como bien común. En E. Díez y J. Rodríguez (Dirs.) *Educación crítica e inclusiva para una sociedad poscapitalista* (pp. 151-163). Octaedro.

Colectivo Alambique (2019). *Valtar imposibles, construyir utopíes. Estudio de viabilidad de la renta básica de las iguales en Asturias*. Zambra.

Chacel, L. (Coord.) (2018). *Informe Global sobre la Desigualdad 2018. Resumen ejecutivo*. Disponible en https://wir2018.wid.world/files/download/wir2018-summary-spanish.pdf

Díez, E.J. (2018). *Neoliberalismo educativo. Educando al nuevo sujeto neoliberal*. Octaedro.

Díez, E. J. y Rodríguez, J. R. (2019). *La polis secuestrada. Propuestas para una ciudad educadora*. Trea.

Freire, P. (1992). *Pedagogía de la esperanza*. Siglo XXI.

Guamán, A. y Trillo, F. (2015). Desempleo y precariedad: repensar el trabajo. En A. Garzón y A. Guamán (Coords.). *El trabajo garantizado. Una respuesta necesaria frente al desempleo y la precarización* (17-62). Akal.

García, S. y Rendueles, C. (2017). Hacia un nuevo Trabajo Social. Presentación del monográfico. *Cuadernos de Trabajo Social*, 30 (2).

Gil, R., y Candedo, M. (2019). Renta Básica y Educación Social: hacia un nuevo paradigma en los servicios sociales. *Revista de Educación Social*, 29, 28-42.

Gimeno, J. (2020). El IMV: Luces, sombras y futuro. *Revista de Derecho del Trabajo y Protección Social*, 1 (3), 184-195.

Graeber, D. (2015). *La utopía de las normas. De la tecnología, la estupidez y los secretos placeres de la burocracia*. Ariel.

Harvey, D. (2020, marzo 22). *Política anticapitalista en tiempos de COVID19. Sin Permiso*.

Harvey, D. (2013). *Seventeen contradictions and the end of capitalism*. University Press.

Harvey, D. (2002). *Breve historia del neoliberalismo*. Akal.

Holloway, J. (1999). *Agrietar el capitalismo. El hacer contra el trabajo*. El Viejo Topo.

Iglesias, J. (2009). *¿República, sí o no? Sobre las sociedades y las formas de gobierno, incluyendo el municipalismo*. Virus.

Iglesias, J. (2004). *La cultura de las rentas básicas. Historia de un concepto*. Virus.

Iglesias, J. (2002). *Las rentas básicas. El modelo fuerte de implantación territorial*. El Viejo Topo.

Iglesias, J. (1998). *El derecho ciudadano a la renta básica. Economía crítica del bienestar social*. Libros de la catarata.

Laclau, E. y Mouffe, C. (1987). *Estrategia y hegemonía socialista. Radicalización de la democracia*. Fondo de Cultura.

Moruno, J. (2015). *La fábrica del emprendedor. Trabajo y política en la empresa-mundo*. Akal.

Naciones Unidas (2020). *Informe del Relator Especial sobre la extrema pobreza y los derechos humanos (Visita a España)*. Disponible en https://www.eapn.es/ARCHIVO/documentos/noticias/1594019269_alston-spain-report-final-es.pdf

Negri, A. (1998): *El exilio*. El Viejo Topo.

Observatorio Metropolitano (2014). *La apuesta municipalista. La democracia empieza por lo cercano*. Traficantes de sueños.

Organización Internacional del Trabajo. (2020). *Observatorio de la OIT: La COVID-19 y el mundo del trabajo. Estimaciones actualizadas y análisis*. Disponible en shorturl.at/dloyW

Oliver, P. (2013). *Burorrepresión. Sanción administrativa y control social*. Bomarzo.

Ostrom, E. (2000). *El gobierno de los bienes comunes. La evolución de las instituciones de acción colectiva*. Fondo de Cultura Económica.

Oxfam Internacional (2021). *El virus de la desigualdad. Cómo recomponer un mundo devastado por el coronavirus a través de una economía equitativa, justa y sostenible*. Oxfam.

Padilla, J. (2013). La privatización de la sanidad: calidad, costes y matices. *Formación Médica Continuada en Atención Primaria*, 20(6), 315-317

Padilla, J. (2019). *¿A quién vamos a dejar morir? Sanidad pública, crisis y la importancia de lo político*. Capitán Swing.

Paniagua, A. (2021, mayo 24). *La burocracia deja sin gastar el 40% del presupuesto del Ingreso Mínimo Vital. El Correo*. https://bit.ly/3JpBtjT

Piketty, T. (2014). *El Capital en el siglo XXI*. Fondo de Cultura.

Raventós, D. (1999). *El derecho a la existencia*. Ariel.

Rendueles, C. y Subirats, J. (2016). *Los (bienes) comunes ¿Oportunidad o espejismo?* Icaria.

Robinson, A. (2013, enero 6). *Claroscuros del modelo de privatización británico*. https://bit.ly/4avVeCo

Rodríguez Fernández, J. R. (2023). *La educación ya no es lo que era. encrucijadas educativas en un mundo posmoderno*, Bomarzo.

Rodríguez, J. R. (2020). Mecanismos de Control Social y Tratamiento Punitivo en los programas socioeducativos de lucha contra la pobreza. *II Congreso Internacional sobre la Historia de la Prisión y las Instituciones Punitivas (Albacete, 4-6 de septiembre de 2019)* (pp. 479-494). Universidad de Castilla-La Mancha.

Rodríguez, J. R. (2018). *El Análisis Político del Discurso. Apropiaciones en educación.* Octaedro.

Rodríguez, J. R. (2016). *Entreteniendo a los pobres. Una crítica político-ideológica de las medidas de lucha contra la exclusión social.* Bomarzo.

Rodríguez Rejas, M. J. (2019, agosto 23). Neoliberalismo y guerra contra los pobres: la construcción social del doblegamiento y la derrota. *Viento Sur.* https://bit.ly/4aVEgNy

Sandel, M. (2020). *La tiranía del mérito. ¿Qué ha sido del bien común?* Debate.

Sennett, R. (2004). *La cultura del nuevo capitalismo.* Anagrama.

Standing, G. (2013). *El precariado. Una nueva clase social.* Pasado & Presente.

Standing, G. (2018). *La renta básica. Un derecho para todos y para siempre.* Pasado & Presente.

Van Dijk, T. (2003). *Racismo y discurso de las élites.* Gedisa.

Van Parijs, P. (2014). Renta básica y justicia social. ¿Por qué los filósofos no están de acuerdo? *Andamios,* 11(25),173-204.

Wacquant, L. (2010). *Castigar a los pobres. El gobierno neoliberal de la inseguridad social.* Gedisa.

Wright, E. O. (2001). Propuestas utópicas reales para reducir la desigualdad de ingresos y riqueza. En R. Gargarella y F. Ovejero (Comps). Razones para el socialismo (pp. 195-222). Paidós.